Huttary

Haushaltsgeräte
erfolgreich selbst diagnostizieren und reparieren

D1726302

Rudolf Huttary

Haushaltsgeräte erfolgreich selbst

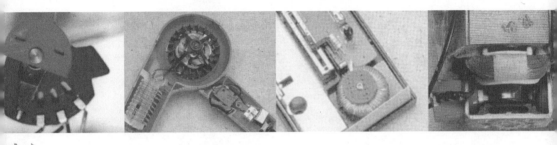

diagnostizieren und reparieren

Anleitung zur Reparatur von
- Kleingeräten, wie z. B. Küchenmaschine, Kaffeemaschine, Rasierapparat
- Grossgeräten wie z. B. Spülmaschine, Waschmaschine,
Trockner, Kühlschrank
- Heiz- und Warmwassergeräte

Mit 51 Abbildungen

Franzis'

Die Deutsche Bibliothek – CIP-Einheitsaufnahme

Ein Titeldatensatz für diese Publikation ist bei
Der Deutschen Bibliothek erhältlich

© 2002 Franzis Verlag GmbH, 85586 Poing

Alle Rechte vorbehalten, auch die der fotomechanischen Wiedergabe und der
Speicherung in elektronischen Medien.
Die meisten Produktbezeichnungen von Hard- und Software sowie Firmennamen und
Firmenlogos, die in diesem Werk genannt werden, sind in der Regel gleichzeitig auch
eingetragene Warenzeichen und sollten als solche betrachtet werden. Der Verlag folgt
bei den Produktbezeichnungen im wesentlichen den Schreibweisen der Hersteller.

Satz: Autor
Druck: Offsetdruck Heinzelmann, München
Printed in Germany - Imprimé en Allemagne.

ISBN 3-7723-5100-X

Vorwort

Liebe Leserin, lieber Leser

Hand aufs Herz, gehören Sie auch zu den Leuten, die sich als Opfer einer Gesellschaft betrachten, die zum Wegwerfen verdammt ist, weil selbst einfachste Reparaturen immer unbezahlbarer werden? Rechnungen wie: Anfahrt 64 €, 2 AE à 24 €, … , plus 16% Märchensteuer versteht sich, lassen uns erschaudern in stiller Hilflosigkeit, zumal, wenn das Expertenauge nichts weiter als ein Höschen entdeckte, das sich außerhalb der Waschtrommel verirrt hatte und der ansonsten so treuen Minna dieses entsetzliche Quietschen abverlangte. Der Höschengriff des Experten dauerte kaum so lange wie das Ausstellen der gesalzenen Rechnung. Und dabei können Sie noch von Glück reden, dass er nicht gleich das Todesurteil über ihr Gerät gefällt hat, das ja ohnehin schon so alt sei, dessen Reparatur sich aus diesem und jenem Grunde nicht mehr lohne, das man am besten gleich dem Fachmann zur schnellen kostenlosen „Entsorgung" mitgebe. Beruhigt darüber, dass das Neugerät, das der Techniker „zufälligerweise" gerade im Auto hatte, jetzt den Zusatz „Bio" oder „energiesparend" trägt, kauft der Kunde gewissermaßen noch am Tatort das vermeintlich verbilligte Novum und ärgert sich bald darüber, wenn er seine bewährte Minna ein paar Tage später im Schaufenster des Händlers als günstiges Gebrauchtangebot für mehrere hundert Euro wiedererkennen muss. Dadurch skeptisch geworden, ergibt noch dazu ein Preisvergleich, dass die Konkurrenz das erworbene Neugerät bei vollem Preis immer noch günstiger anbietet.

Ich könnte Ihnen noch viele andere Szenarien aufbauen, die ihren gemeinsamen Nenner darin haben, dass sie die Unbedarftheit, Hilflosigkeit und Angst des Kunden in Sachen „Elektro" schamlos bestrafen. Das würde jedoch weder Ihnen noch mir weiterhelfen und sicherlich auch ein ungerechtes Bild des gesamten Berufsstandes zeichnen, dem ich mich als Laienexperte zurechnen möchte. Lassen Sie mich lieber in einigen Worten das Ziel formulieren, das ich mit diesem Band verfolge, und Sie, den Leser, die Leserin charakterisieren.

Nicht nur der „moderne Haushalt", sondern jeder Haushalt ist heutzutage mit einem umfangreichen Maschinenpark ausgestattet, der uns das Leben so leicht und angenehm wie nur möglich machen soll. Wir stimmen die Beleuchtung unserer vier Wände – seien sie nun die eigenen oder nicht – auf Stil unserer Einrichtung, Funktionalität und Situation ab. Unsere beiden Fernseher (oder haben Sie nur einen?) projizieren die Welt ins Wohnzimmer, Videorecorder zeichnen notfalls auf, wenn man mal keine Zeit hat, und Musikkonserven stimulieren uns in Orchesterqualität, wenn die eintönige und aggressive Werbung unserer Radios unerträglich wird. Wir schneiden, rühren und kochen elektrisch, während die Wäsche sich von selbst wäscht oder das Geschirr mal eben schnell auf Hochglanz gespült wird.

Kurz gesagt, wir sind Besitzer und Nutznießer eines Heers elektrischer Helferleins und gleichzeitig Sklaven ihres Funktionierens. Denn wehe, wenn's kracht und funkt oder schlicht gar nichts mehr geht. Dann machen sie uns das Leben schwer, liefern uns an selbst ernannte oder fremd ernannte Experten und deren Urteil aus und zehren an unseren Finanzen. Oft sind es nur Handgriffe, ein wenig „scharf nachgedacht", ein bisschen „gewusst wo", „gewusst wie", was jene uns voraus haben, und natürlich der Mut, dem stummen Feind aus der Steckdose die Stirn zu bieten.

Damit wären wir genau beim Thema. Der mit diesem Buch vorliegende dritte Teilband des Gesamtbands *Haushaltselektrik und -Elektronik* beschäftigt sich mit der Welt der Haushaltsgeräte. Ich lade Sie ein auf einen Rundgang durch den Gerätepark Ihres Haushalts, spreche Ihnen Mut zu, selbst Hand anzulegen, wenn's klemmt, versorge Sie mit bewährten Tipps und Ratschlägen für die Reparatur und Diagnose und biete Ihnen Hilfe zur Selbsthilfe. Sie werden dabei an den jeweiligen Stellen ohne theoretischen Ballast direkt mit typischen Problemen konfrontiert und angeleitet, Fehler zu analysieren und zu beheben.

Behandelt werden die gängigsten Haushaltsgeräte unter dem Gesichtspunkt von Ausfallserscheinungen und Reparaturmöglichkeiten. Sie finden einen Überblick über die wichtigsten Funktionsprinzipien und Bauteile verschiedener Maschinengattungen (Küchenmaschinen, Staubsauger, Waschmaschinen, Spülmaschinen etc.), deren Kenntnis aufschlussreich und für eine Fehlerdiagnose unerlässlich ist, sowie konkrete Hinweise auf häufige Fehlerursachen und deren Behebung. In vielen Fällen spielen mechanische Verschleißerscheinungen und Defekte eine größere Rolle als elektrische Ausfälle, und es wird möglich sein, auch von mir nicht angesprochene Geräte nach Lektüre methodisch analog zu behandeln. Die problemorientierte Darstellung erlaubt ein gezieltes Nachschlagen im „Katastrophenfall" und spricht aufgrund der Problemorientierung sowohl „Neueinsteiger" als auch bereits „Abgehärtete" an. Spezielle Vorkenntnisse auf dem Gebiet der Elektrik sind vom Prinzip her nicht erforderlich – sicher aber kein Hindernis. Handwerkliches Geschick lässt sich allerdings nicht anlesen! Zu elektronischen Gerätesteuerungen und Netzgeräten werden Sie in diesem Band nicht fündig. Bitte beachten Sie in diesem Zusammenhang den vierten Teilband (vgl. Literaturverzeichnis) oder entscheiden Sie sich am besten gleich für den Gesamtband *Haushaltselektrik und -Elektronik*, der alle vier Teilbände abdeckt.

Bevor ich Sie nun in die eher kalte Materie des Technischen entlasse, möchte ich Sie daran erinnern, dass ich Ihnen noch eine Charakterisierung Ihrer selbst schuldig bin. Zunächst stelle ich Sie mir sowohl als Frau als auch als Mann vor, fest entschlossen, die Zügel selbst in die Hand zu nehmen. Sie haben ein wenig Zeit, Lust und Geduld, sich dem bei Telefonanlagen üblicherweise anfallenden Kabelsalat zu stellen. Neben ein wenig Geschick für Handwerkliches besitzen Sie die Fähigkeit des Beobachtens und Sich-Hineindenkens in Zusammenhänge. Zu guter Letzt erhalten Sie noch das Attribut der Vernunft. Denn Sie wissen, dass das, was Sie fabrizieren, auch für andere – Unbedarfte – ungefährlich sein muss, wie für Sie selbst. Seien Sie daher sorgfältig in Ihrer Arbeit, denken Sie für andere mit und schätzen Sie Ihre eigene Kompetenz richtig ein.

Beachte Beachte | *Beachte Beachte*

Haftungsausschluss

Obwohl ich meine Tipps besten Wissens und Gewissens für Sie zusammengestellt und aufgeschrieben habe, kann ich verständlicherweise keine Verantwortung und Haftung für das übernehmen, was Sie daraus machen. Bei auftauchenden Zweifeln (auch an meinen Ausführungen) sollten Sie daher in jedem Falle den Segen eines Fachkundigen oder geprüften Fachmanns einholen, bevor Sie Andere oder sich selbst unmittelbar oder mittelbar gefährden!

Jetzt bleibt mir nur noch, Ihnen viel Spaß und Erfolg bei der Arbeit zu wünschen sowie der Hinweis, dass die „Angst der Anderen" wohl auch ihre Gründe hat, wenn man so manche Self-Made-Arbeiten genauer betrachtet.

Den liebenswerten Geistern, die mir bei der Korrektur des Manuskripts behilflich waren, sei auf das Herzlichste gedankt.

München, Oktober 2001   Rudolf Huttary

Inhalt

Inhalt

Inhalt

Inhalt

Wahl der richtigen Mittel 1

Prüfen und messen 2

Reparaturanleitungen 3

Im vorliegenden dritten Teilband des Gesamtbands *Haushaltselektrik und Elektronik* geht es um die methodische Fehlersuche und Reparatur im Bereich der elektrischen Haushaltsgeräte. Der Bereich ist überwältigend groß. Welcher Haushalt, allein schon welche Küche, ist nicht mit einem Maschinenpark ausgestattet, der von vorsintflutlichen bis hin zu modernsten Wasch-, Saug-, Heiz-, Kühl-, Schneid-, Rühr- und Mixvorrichtungen reicht – um nur einige zu nennen. Es ist unmöglich, detailliert auf jedes Einzelmodell der unzähligen Herstellerfirmen einzugehen. Dieser Teilband zielt vielmehr zum einen auf ein Verständnis der Funktionsprinzipien, die den verschiedenen Maschinengattungen zugrunde liegen und zum anderen auf typische Fehler- und Ausfallserscheinungen, die damit im Zusammenhang stehen. Sind einmal die wesentlichen Funktionsprinzipien einer Maschine verstanden, dürfte es in den meisten Fällen dem Leser, der Leserin, nicht mehr allzu schwer fallen, vom konkreten Fehlerbild auf die Fehlerursache im vorliegenden Gerät zu schließen und den Verdacht auf bestimmte Teile der Maschine zu lenken. Davon ausgehend kann eine grobe Kosten/Nutzen-Analyse darüber entscheiden, in welchem Rahmen eine Reparatur noch sinnvoll durchzuführen ist.

Für die Ausführung einer Reparatur ist es mit einem Verständnis der elektrischen Wirkungsweise eines Elektrogeräts allein aber meist nicht getan. Unverzichtbar ist sowohl die Fähigkeit des Sich-Hineindenkens in den Aufbau und in die mechanischen sowie physikalischen Wirkungsprinzipien der Maschine. Nimmt man noch eine Prise Fingerspitzengefühl, Geduld, Hartnäckigkeit sowie Improvisations- und Organisationstalent hinzu, dann haben wir die wesentlichen Eigenschaften, die eine erfolgreiche Selbstreparatur garantieren. Halt, beinahe hätt' ich es vergessen. Sie sollten etwas von einer Sammlernatur haben, das heißt im Keller, auf dem Boden, im Hobbyraum oder in der Garage über einen kleinen, aber wohl sortierten Fundus an „potenziellen Ersatzteilen" – diversen Schrauben, Muttern, Federn, Stangen, Plastikteilen, Kabeln, Steckern etc. – verfügen. Schlachten Sie daher defekte Geräte aus, bevor Sie sie entsorgen, denn selbst die kleinste Schraube kann später einmal viel Weg ersparen.

Merke

Bevor Sie den Fehler im Elektrogerät suchen, sollten Sie sicherstellen, dass die Stromzuführung (Sicherung, Steckdose) intakt ist. Die geeignete Methodik hierzu finden Sie im Gesamtband sowie im ersten Teilband (vgl. [1] und [2] im Literaturverzeichnis).

Merke

1 Wahl der richtigen Mittel

Die erfolgreiche Reparatur einer Maschine lebt auch und vor allem auch von der Wahl der richtigen Mittel, vom dosierten Einsatz adäquater Werkzeuge und von einer gesunden Einschätzung der Materialbelastbarkeit. Die beste Klebung hilft nichts, wenn der Kleber nicht die nötige Temperatur oder Lichtfestigkeit hat. Auch ist nichts tragischer, als den möglichen Erfolg einer Reparatur bereits durch ruinöses Öffnen des Geräts zu gefährden. Während bei älteren Geräten immerhin noch ein gewisses Maß an „Reparaturfreundlichkeit" zu den Entwicklungszielen gehörte, findet man bei modernen Geräte zunehmend ein offensichtlich auf das Wegwerfen abzielendes Design, das die Montage optimiert, die Demontage aber zu einem Balanceakt, nicht selten sogar zum programmierten Fiasko geraten lässt.

Die unverhohlenste Absage an den Reparaturwillen des Laien wie des Fachbetriebs ist die in Kunstharz vergossene Blackbox – eine gern verwendete Montageart, wenn Wasserfestigkeit, elektrische Isolation und mechanische Belastbarkeit, aber auch ein gewisser Schutz vor neugierigen Blicken für das Gerät erreicht werden sollen.

Nicht weit entfernt davon sind Geräte, deren Gehäuseteile aggressiv miteinander verklebt oder per Schnappverschluss für die „Ewigkeit" verbunden sind. Da „ewige Form" hier leider nicht als Garant für „ewige Funktion" gedacht ist, führt in diesem Fall wohl kein Weg an der – maßvollen – invasiven Zerstörung vorbei, will man das häufig verblüffend triviale Innenleben eines solchen Geräts (etwa eines Steckernetzteils oder eines Warmwassergeräts) ans Tageslicht fördern. Am leichtesten lassen sich noch Hindernisse wie Nieten oder Schraubenköpfe mit schräg verzahnten, nur für das Zudrehen geformten Schlitzen oder Passungen für Spezialwerkzeuge überwinden – per Bohrmaschine. Mehr Gefühl braucht es für das Aufbrechen von Klebungen und Schnappverschlüssen. Der spätere Zusammenbau nach der Reparatur kann dann unter Verwendung gutartiger Schrauben bzw. durch wenige Klebepunkte mit einem Sekundenkleber erfolgen.

Den weitaus größten Anteil machen aber nach wie vor Geräte aus, die sich vom Prinzip her öffnen lassen und einer Reparatur somit keine unüberwindbaren formalen Hürden in den Weg legen. Inhaltliche Hürden sind aber ein anderes Thema. Hierzu zählen Bauteile und Formteile, die es einzeln im Handel bzw. Ersatzteilhandel nicht gibt, miniaturisierte Montagetechniken (mehrfach kontaktierte Platinen, Mikrostecker und -bauteile) und, inzwischen wie eine Pest immer mehr verbreitet, so genannte Service-Logiken, die den Endnutzer dazu nötigen, das Gerät in regelmäßigen Abständen zum „Service" in die Fachwerkstatt zu bringen. Der „Service" sieht dann oft nicht mehr als das Anstecken eines Diagnosesteckers vor, über den das Gerät selbst erkannte Probleme kundtut, und natürlich einen Reset der Service-Logik – macht 127,50 €, bis zum nächsten Mal, gute Fahrt.

1

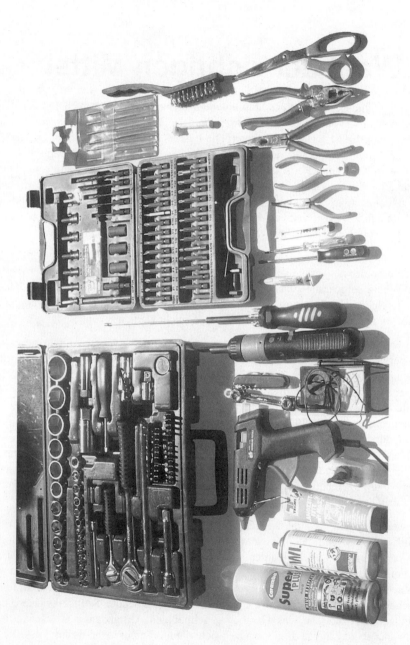

Abb. 1.1: Verschiedene Werkzeuge – vom Schlüsselsatz über Sprays zum Sekundenkle-ber. *Mitte*: der Schraubendreher hat eine „Magnetantenne" für Verlorengegangenes

1.1 Am Anfang war das Werkzeug ...

Um zu vermeiden, dass der Weg in ein Gerät sowie die Demontage defekter Teile zu weiteren, schlimmeren Defekten führt, sollten Sie über einen reichlich ausgestatteten Werkzeugkasten verfügen. Der überlegte Zukauf neuen Qualitätswerkzeugs lohnt übrigens immer – und ist meist eine Anschaffung für's Leben.

➤ Kompletter Satz Schraubenschlüssel (Gabelschlüsselsatz plus Ringschlüsselsatz oder Knarrenkasten)

➤ Schraubendreher (isoliert) in verschiedenen Größen (für Kreuz- und Schlitzschrauben); besser noch: kleiner Akkuschrauber mit verschiedenen Bit-Einsätzen

➤ Diverse Zangen (Flachzange, Spitzzange, Seitenschneider, Rohrzange)

➤ (Analoges) Vielfachmessgerät mit Gleichspannungs-, Wechselspannungs- und Ohmmessbereichen.[1] Obwohl sich in vielen Fällen auch ein Durchgangsprüfer bewähren wird, kann dieser das Messgerät nicht ersetzen – im Gegenteil, er verführt auf Grund seiner beschränkten Funktion nur zur Arbeit „unter Strom".

➤ Papier und Bleistift

Bei Bedarf ...

➤ Bohrmaschine mit HSS-Bohrersatz, besser Standbohrmaschine

➤ Feilen, Schmirgelpapier, Messer, Teppichschneider, Schere, Messingbürste, Zahnbürste zum Säubern von Kontakten und Entfernen von Oxiden und Verschmutzungen

➤ Heißklebepistole, Sekundenkleber, Patex, Isolierfolie zum Kleben und Isolieren

➤ Lagerfett, Ölkännchen oder Ölspray zum Schmieren

➤ FCKW-freies Elektronik-Kontaktspray (kein Kfz-Kontaktspray für Kontakte verwenden, da nicht ölfrei) und Kältespray. Im Gegensatz zum Kältespray leitet Kontaktspray! Versprühen Sie es nur im stromlosen Gerät, und warten Sie mit dem Einschalten, bis es völlig verflogen ist.

➤ Elektroniklötkolben (40 bis 100 Watt) und Elektroniklot

➤ Kabelschuh-Klemmzange und diverse Kabelschuhe (zum Beispiel für Autobedarf) zum Herstellen von Steckverbindungen

---

[1] Natürlich kann man auch mit digitalen Messgeräten arbeiten. Meine Erfahrung zeigt allerdings, dass mit analogen Messgeräten ein angenehmeres Arbeiten (vor allem im so gut wie ausschließlich benötigten Ohmbereich) möglich ist, da meist nur qualitative und selten quantitative Messwerte eine Rolle spielen.

1.2 Sicherheitshinweise für die Reparatur

Die meisten der besprochenen Haushaltsgeräte werden direkt am 230 Volt-Netz betrieben. Daher sind sie herstellerseitig mit Vorkehrungen ausgerüstet, die gemäß den geltenden Bestimmungen einen genügenden Schutz gegen elektrische und mechanische Verletzungen bieten. Neuere Geräte enthalten darüber hinaus spezielle Vorkehrungen zur Eindämmung von elektromagnetischen Abstrahlungen (Elektrosmog) und Rückwirkungen in das Leitungsnetz. Während einer Reparatur ist man oft gezwungen, die eine oder andere Schutzvorrichtung zu demontieren bzw. Geräte ohne schützende Abdeckungen zu betreiben.

Merke — *In jedem Fall müssen vor der dauerhaften Wiederinbetriebnahme eines Geräts alle vom Hersteller vorgesehenen Schutzvorrichtungen und Gehäuseteile wieder montiert werden. Änderungen der Funktion nach einer Reparatur sind durch Aufschriften anzuzeigen.* — *Merke*

Der Arbeitsplatz für die Reparatur eines Geräts ist nach VDE 0100 als „elektrische Betriebsstätte" anzusehen, die gewissen Sicherheitsvorschriften zu genügen hat. Weiterhin dürfen solche Arbeiten nur von Personen durchgeführt werden, die sich der Gefahren und Verantwortung bewusst sind. Als Schutzmassnahmen für elektrische Betriebsstätten gelten nach VDE 0100:

➤ Isolationsschutz für Heizkörper, Rohre und metallische Gegenstände mit Erdpotenzial

➤ Schutzkontaktsteckdosen (dreiadrige Installation) mit intaktem Berührungsschutz durch FI-Schalter (vgl. [1] und [2] im Literaturverzeichnis)

➤ Gummimatte oder Gummibodenbelag zur Isolation gegen das Erdpotenzial.

➤ Trenntransformatoren[2] zur Potenzialtrennung und zur Arbeit an unter Spannung stehenden Geräten sowie zum Betrieb dabei benötigter Messgeräte und Werkzeuge.

Hinweis — *Nicht alle Standorte von Elektrogeräten ermöglichen das Einhalten aller Sicherheitsvorschriften. In diesem Fall muss unbedingt spannungsfrei gearbeitet werden. Für den Testbetrieb sollte dagegen eine ausreichende Abschirmung gegen Berührungsspannung geschaffen werden.* — *Hinweis*

---

[2] Ein Trenntransformator ist ein 230/230 Volt-Transformator, dessen Sekundärwicklung nicht geerdet ist. Damit kann jeder der beiden Pole einzeln gefahrlos berührt werden – beide gleichzeitig natürlich nicht.

Faktoren für die Stärke von Stromschlägen

Die Stärke und damit die Gefährlichkeit eines Stromschlags bei Berührung von spannungsführenden Leitern hängt von mehreren Faktoren ab:

➤ *Höhe über dem Erdboden* – je größer die Nähe zur Erde oder zu Wasser bzw. zu geerdeten oder Wasser führenden Einrichtungen, desto gefährlicher wird es. Stromschläge im Keller oder im (meist gefliesten) Bad sind schlimmer als solche in gewöhnlichen Wohnräumen (Teppich, PVC oder Holzboden) und in höheren Stockwerken.

➤ *Kleidung bzw. Schuhwerk* – das beste ist volle Bekleidung und Schuhwerk mit Gummisohlen. Ledersohlen bieten keinen Schutz. Socken, Barfüßigkeit oder von Kleidung nicht bedeckte Körperpartien erhöhen das Risiko ernsthafter Stromverletzungen um ein Vielfaches.

➤ *Hautfeuchtigkeit* – Schwielen schützen, Schweiß schadet, blutende Verletzungen, nässende Wunden gefährden.

➤ *Kontaktfläche* – punktförmige Berührungen spannungsführender Leiter gehen wesentlich glimpflicher ab, als flächige. Der Versuch, ein Spannung führendes Kabel mit einem nicht isolierten Werkzeug durchzuzwicken oder zu schneiden kann tödlich sein, weil die Hand das Werkzeug umklammert und gegebenenfalls nicht mehr loslassen kann.

Merke
Die beste Vorbeugung gegen Stromschläge ist eine vernünftige Arbeitskleidung, vernünftiges Werkzeug und die Vermeidung von Feuchtigkeit und Nässe jeglicher Art.
Merke

Vorsichtsmaßnahmen

➤ Arbeiten Sie außer bei Messungen und Tests *grundsätzlich stromlos*. Ziehen immer als erstes den Stecker oder schrauben Sie – bei einem Festanschluss des Geräts – die entsprechenden Sicherungen heraus und stecken Sie sie in Ihre Tasche, um sich vor einem Wiedereinschrauben durch andere Personen zu schützen – dies gilt vor allem in großen Haushalten und Betrieben. Ist ein Herausschrauben etwa bei modernen Sicherungsautomaten (Leistungsschutzschaltern) nicht möglich, informieren Sie alle Personen von Ihren Arbeiten und bringen Sie eine Notiz im Sicherungskasten an. Ein unerwartetes Zurückkehren der Netzspannung kann für Sie verheerende Folgen haben. (In der Tat ist im schlimmsten Fall ein „Klebenbleiben" am Kontakt aufgrund einer Verkrampfung der Hände möglich.)

➤ Bei allen Arbeiten sollten Sie gutes Schuhwerk mit Gummi- oder Plastiksohle tragen. Besondere Vorsicht ist bei nassen Füßen – auch bei Schweißfüßen – geboten. In feuchten Räumen und Kellern empfiehlt sich das Unterlegen einer Gummimatte (notfalls dickere Plastikfolie).

➤ Verwenden Sie nur Werkzeug, das eine intakte und ausreichende Isolierung aufweist. *Keine Schraubenzieher mit Holzgriff!*

➤ Arbeiten Sie in kritischen Momenten möglichst nur mit einer Hand (am besten mit der rechten, da Ihr Herz auf der linken Seite liegt), und vermeiden Sie die gleichzeitige Berührung von Metallen mit Erdverbindung, Wänden und anderen Personen. Haushaltsgummihandschuhe bieten keinen ausreichenden Isolationsschutz, sie sind schnell beschädigt und machen Ihre Hände ungeschickt.

➤ Sichern Sie Ihre Arbeitsstelle gegen Dritte (Kinder, Tiere) und hinterlassen Sie keine Fallen: blanke Adern, unisolierte Stellen und unvollständige Arbeiten.

➤ Arbeiten Sie verantwortungsbewusst, überlegt, ruhig und nicht unter Zeitdruck. Erlegen Sie sich ein absolutes Alkoholverbot auf!

Beachte *Arbeiten Sie nach Möglichkeit immer stromlos, handeln Sie verantwortungsbewusst und sichern Sie Ihre Arbeitsstelle (sowie den Sicherungskasten) gegen Dritte.* **Beachte**

Wenn's doch passiert ist

Mit Stromschlägen ist nicht zu spaßen, auch wenn der erste Kontakt mit einem spannungsführenden Leiter noch einmal glimpflich abging. Unterbrechen Sie Ihre Arbeit sofort für mehrere Stunden, nachdem Sie die Arbeitsstelle ausreichend gesichert haben, denn ein baldiger zweiter Stromschlag kann in der Tat Ihr bereits einmal außer Tritt geratenes Herz schwer in Mitleidenschaft ziehen.

Nach schweren Stromschlägen sollten Sie in jedem Fall einen Arzt konsultieren.

Der Schutzkontakt

Eine der schlimmsten Gefahrenquellen ist ein nicht vorhandener, nicht angeschlossener oder defekt gewordener Schutzleiter. (Zur Wirkungsweise und Funktion des Schutzleiters vgl. [1] und [2] im Literaturverzeichnis.)

> *Beachte* *Geräte mit metallischen Gehäusen müssen über einen Schutzkontakt (gelbgrüne Ader) geerdet sein. Liegt für das Gehäuse dagegen herstellerseitig eine vollständige Schutzisolierung gegenüber allen spannungsführenden Teilen vor, darf keine Erdung erfolgen.* *Beachte*

Ob ein Gerät mit oder ohne Schutzkontakt betrieben werden muss, erkennen Sie an der Bauart – im Gerät ist dann eine Anschlussklemme für den Schutzleiter vorgesehen – und oft auch am (originalen) Zuleitungskabel bzw. Stecker.

Es besteht die Möglichkeit, dass ein Defekt die Schutzisolierung bzw. die Schutzerdung ihres Geräts aufgehoben haben kann. Bevor Sie mit der Reparatur eines Geräts beginnen, vergewissern Sie sich daher noch einmal, ob:

➤ alle benötigten Steckdosen intakte Schutzkontakt-Steckdosen sind (Prüfverfahren: vgl. [1] und [2] im Literaturverzeichnis.)

➤ alle Verlängerungen 3-adrig sind und einen intakten Schutzleiter aufweisen

➤ der FI-Schalter (sofern vorhanden) funktioniert. FI-Schalter besitzen hierzu einen mit „T" gekennzeichneten Testknopf, durch den er sich versuchsweise auslösen lässt.

Während der Reparatur

Die meisten elektrischen Fehlerdiagnosen lassen sich spannungsfrei und mit Hilfe eines Ohmmessgeräts erstellen. Von dieser Möglichkeit sollten Sie so viel wie möglich Gebrauch machen. Es nützt nichts, eine Spannung in einem Gerät mit einem Phasenprüfer zu verfolgen, da Sie Durchgänge gefahrenfrei und meist sogar noch aussagekräftiger mit dem Messgerät prüfen können – man denke etwa an hohe Übergangswiderstände von gealterten Kontakten, Kondensatoren mit hohem Leckstrom oder Feuchtebrücken.

1

Wahl der richtigen Mittel

Die wichtigsten Regeln sind:

➤ Fertigen Sie grundsätzlich Zeichnungen an, bevor Sie Steckkontakte oder Stecker abziehen, die sich nicht eindeutig wieder anschließen lassen, oder bringen Sie Beschriftungen an. Das gilt übrigens auch für kompliziertere Demontagen von mechanischen Teilen, Federn, Schrauben etc.

➤ Sichern Sie Ihren Arbeitsplatz für Dritte (insbesondere für Kinder und Tiere), aber auch für sich selbst. Dazu gehört beispielsweise das vorübergehende Isolieren offenliegender Leitungen und Kontakte.

➤ Suchen Sie im Gerät „verloren gegangene" Teile und Werkzeuge sofort, wenn Sie den Verlust bemerken, das vermindert die Gefahr durch ungewollte Überbrückungen, Kurzschlüsse und Blockaden und beugt späteren Defekten als Folge der „Reparatur" vor.

➤ Bereiten sie Testläufe gut vor: Alle Werkzeuge entfernt? Alle Kabel wieder richtig angeschlossen? Alle Schrauben fest?

Nach der Reparatur

Eine Reparatur ist nicht beendet, wenn das Gerät wieder läuft. Sie ist erst beendet, wenn alle demontierten Schutzvorkehrungen wieder *vollständig in Funktion* gesetzt wurden. Das gilt insbesondere für abgezogene Erdungskabel von Gehäuseteilen, aber auch für demontierte Abdeckungen und Isolierungen.

> *Merke*
>
> *Eine Reparatur ist keine Reparatur, wenn sie durch Überbrückung oder Außerkraftsetzung einer Schutzvorrichtung zustande kam.[3] Der Folgeschaden lässt dann meist nicht lange auf sich warten und wird sicher teurer.*
>
> *Merke*

Nach der Reparatur sollte das Gerät noch eine Weile beobachtet werden, um zu überprüfen, dass es in allen Funktionen korrekt arbeitet und die tatsächliche Ursache des Defekts beseitigt worden ist. Unterrichten Sie zusätzlich alle betroffenen Personen von der erfolgten Reparatur, damit auch diese ein wachsames Auge für eventuelle Anzeichen eines immer noch vorhandenen Defekts haben. Kennzeichnen oder beschriften Sie das Gerät ent-

---

[3] Beliebt ist z.B. das Überbrücken defekter Türschalter von Waschmaschinen oder Spülmaschinen. Wenn man bedenkt, wie teuer einem ein Wasserschaden zu stehen kommt, wäre sogar ein Neukauf noch die bessere Lösung gewesen.

sprechend, wenn Sie Veränderungen vorgenommen haben – insbesondere die Bedienung betreffend.

1.3 Ersatzteile

Wenn der Fehler an einem Gerät gefunden ist, endet erst einmal der angenehme Teil der Arbeit. Es beginnt die Jagd nach dem Ersatzteil – und die kann richtig in Arbeit ausarten.

Ersatzteile sind ein schwieriges Kapitel. Zunächst ist dazu zu sagen, dass es einem die Hersteller nicht gerade leicht machen. Vielfach lassen sich Originalersatzteile nur über Zwischenhändler oder Fachbetriebe beziehen, die ihrerseits enorme „Lagerkosten" in Rechnung stellen, sich mit der Bestellung mehrere Wochen Zeit lassen oder dreiste Lügen in die Welt setzen, wenn es um die grundsätzliche Erhältlichkeit des Bauteils geht. Nicht selten ist das Ersatzteil aber tatsächlich schon einige Zeit nicht mehr im Handel, oder man ist schlicht ungewillt, dem Kunden die Selbstreparatur zu ermöglichen. Machen Sie sich auf alle Fälle auf eine Odyssee durch das Branchenbuch gefasst. Besser ist natürlich eine Recherche im Internet. Da inzwischen alle Hersteller sowie deren wichtigste Fachvertretungen im Internet zu finden sind, kann man hier sein Glück zumindest mal versuchen. In manchen Fällen sind Direktbestellung per Versand möglich.

Ohne genaue Bezeichnung wird es schwer

Eine Schwierigkeit besteht darin, die genaue Bezeichnung, Bestellnummer oder Seriennummer eines Bauteils herauszufinden, da die Händler mit den Anschlusswerten allein oft nichts anzufangen wissen. In manchen Fällen hilft ein (gemeinsamer) Blick in den Schaltplan oder die Explosionszeichnung – so vorhanden. Am besten, Sie notieren sich alles, was auf dem Typenschild Ihres Geräts steht und bringen das defekte Teil nach Möglichkeit gleich zur Ansicht mit.

Solange Sie den „offiziellen Weg" über den Ersatzteilhandel gehen, müssen Sie von überhöhten Preisen, selbst oder gerade für harmlose Kleinteile ausgehen. Eine weitaus billigere Möglichkeit – hauptsächlich für nicht so gerätespezifische Bauteile – bieten „Fundgruben" in Elektronikhandlungen (beispielsweise Conrad Elektronik) sowie die „Müllverwertung" bzw. das Ausschlachten anderer Geräte – nach der Devise „aus zwei mach eins". Gebrauchtmärkte, Flohmärkte, Sperrgutsammlungen und Schrotthändler, sowie die ortsüblichen Anzeigenblätter und Anzeigentafeln in Supermärkten sind hier ein gutes Forum. Neuerdings kann man vielerorts sogar in Sperrgutsammelstellen Altgeräte durchstöbern und kostenlos mitnehmen, oder auf Bitten hin, das benötigte Ersatzteil sogar noch vor Ort ausbauen.

Und dann gibt es natürlich noch den Anzeigenmarkt in Form lokaler oder regionaler Anzeigenblätter, die wie im Falle der Zeitung *Zweite Hand* in Berlin oder *Kurz und Fündig* in München oft richtiggehend auf den Gebrauchtmarkt spezialisiert und gut „sortiert" sind. Inzwischen ist das Internet zu einer der wichtigsten Gebrauchtartikelbörsen avanciert. Da gibt es Newsgroups (zwar nicht gerade für Spülmaschinen der Marke Bauknecht) und zahlreiche Foren, von denen täglich welche entstehen und auch wieder sterben.

Sie werden sich wundern, wie viele Leute auf eine Anzeige etwa des folgenden Wortlautes antworten.

> **Staubsauger** der Marke Siemens Universal 63
> zum Ausschlachten gesucht. Tel. 0815/4711 oder
> otto.selfmade@t-online.de

Sie können dann zwar nicht sicher davon ausgehen, dass das mühsam eroberte Bauteil letztendlich auch seinen Dienst verrichten wird – schließlich kann das andere Gerät am gleichen Defekt gelitten haben – die Wahrscheinlichkeit dafür ist aber doch im Allgemeinen recht hoch.

Bauteile haben oft selbst Bauteile, die sich reparieren lassen

Oft ist ein defektes Bauteil sogar mit ein bisschen Geduld noch zu retten, wenn man es weiter demontiert. Das betrifft insbesondere Kontakte von Schaltern, die sich leicht reinigen lassen, oder gebrochene Plastikteile, die sich mit einem Kontaktkleber kleben oder mit einem Lötkolben schweißen lassen. Sogar das Wickeln-lassen von durchgebrannten Motoren ist manchmal billiger als der Austausch. Ihrer Geduld, Ihrem Erfindungsreichtum und Ihrer Improvisationsgabe sind also keine Grenzen gesetzt, vorausgesetzt durch Lösungen der Marke Eigenbau wird die Betriebssicherheit nicht beeinträchtigt.

1.4 Methodische Fehlersuche

Technische Geräte sind üblicherweise modular aufgebaut, das heißt ihr Innenleben besteht aus verschiedenen Funktionsgruppen, die – jede für sich – weitgehend abgeschlossene Teilfunktionen realisieren und eventuell weiter in Funktionsgruppen zerfallen. So lassen

sich bei einer Waschmaschine beispielsweise die Funktionen Strom- und Wasserzuführ-
rung, Steuerung, Wassereinlauf, Wasseraufheizung, Wasserumwälzung, Schleudern und
Wasserablauf unterscheiden. Die Teilfunktionen sind weitgehend hierarchisch organisiert.
Wir finden also Funktionen, die direkt, indirekt oder wechselseitig von anderen Funktionen abhängig sind, und Funktionen, die mit anderen Funktionen überhaupt nichts zu tun
haben, wie zum Beispiel die Wasseraufheizung mit der Wasserumwälzung. Solche Zusammenhänge bzw. das Fehlen solcher Zusammenhänge gilt es im Auge zu behalten,
wenn von der Fehlerwirkung auf die Fehlerursache geschlossen werden soll. Abbildung
1.2 zeigt die Zusammenhänge am angeführten Beispiel der Waschmaschine.

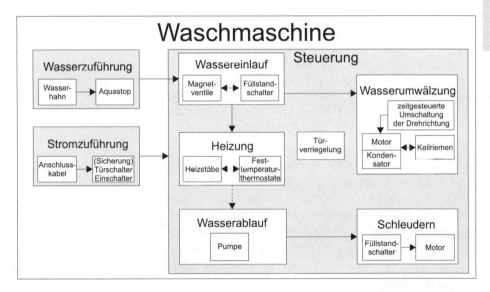

Abb. 1.2: Darstellung der Abhängigkeitsverhältnisse der einzelnen Funktionen für eine
(Standard-)Waschmaschine. Verschachtelung steht für kausal-hierarchische Abhängigkeit,
Pfeil für (evtl.) querliegenden Kausalzusammenhang.

Durch methodische Beobachtung zur Fehlerursache

Wichtig ist weiterhin eine gute Beobachtungsgabe. Ein Gerät verursacht während des Betriebs verschiedene Geräusche, visuelle Eindrücke, Vibrationen und auch Gerüche. Wenn
Sie das normale Verhalten des Geräts kennen, liefern Ihnen Veränderungen dieser Eindrücke wichtige Informationen für die Fehlersuche. Recherchieren Sie auch die (jüngere)
Geschichte des Geräts bzw. welche Begleitumstände und -effekte mit dem Ausfall ver-

bunden waren. Kurz gesagt, sammeln Sie so viele Fakten wie möglich, auch wenn manche vielleicht als „nebensächlich" erscheinen mögen – Sie wissen ja, was einen guten Detektiv ausmacht.

Nun gilt es, den „Täter" zu finden. Stellen Sie fest, *was Sache ist*, stellen Sie *Hypothesen* auf und führen Sie *Versuche* durch. Man nennt diese Methode *Differenzialdiagnostik*: Sie wissen nicht, was das ist? Fragen Sie Ihren Hausarzt, nicht den Apotheker. Hier eine kleine Demonstration. Wir bleiben bei der Waschmaschine:

Fehlerbild: Nach dem Einschalten tut sich nichts!

Wenn eine Waschmaschine „überhaupt nichts tut", kann das viele Ursachen haben: Keine Wasser- oder Stromzuführung, defekter Türschalter, defektes Magnetventil, defekte Wasserstandsmessung, defekte Steuerung. Den Fehler am Motor zu vermuten oder gar an der Heizung zu suchen, wäre nicht angebracht. Vielmehr sollten Sie in diesem Fall alle Funktionen überprüfen, die einen Totalausfall verursachen können. Kennt man den Programmablauf der Waschmaschine, gerät als erstes der Wassereinlauf in Verdacht, da alle anderen Funktionen kausal davon abhängig sind. Sie gehen nun die jeweiligen Kausalketten im Geiste durch und stellen Hypothesen auf, die Ihre Feststellungen und Fakten am besten erklären können.

Hypothese (und vernünftige Erklärung): Angenommen das Magnetventil schaltet nicht, dann ist die Wasserzuführung unterbrochen. Die Steuerung versucht zwar, das Magnetventil einzuschalten, doch der Schaltvorgang bleibt aus. Die Maschine wartet daher „ewig", da der Wasserstandsmesser das Ende des Wassereinlaufs nicht meldet – es tut sich nichts mehr. Moderne Maschinen melden unter Umständen noch einen Fehler am Wassereinlauf.

Die Hypothese klingt vernünftig. Um sie zu erhärten, überlegen Sie sich Versuche, die Sie unternehmen können, um sie zu erhärten.

Überlegung: Wenn das Magnetventil einfach nicht schaltet, müsste zumindest die Aktivität der Spule hörbar sein.

Versuch: Legen Sie Ihr Ohr auf die Maschine und starten Sie sie.

Feststellung: Hören Sie ein leichtes bis schnarrendes Brummen?

➤ Ja? Dann wird wohl die Gummimembran des Magnetventils durch eine angeschwemmte Verschmutzung oder Auskalkung eine mechanische Blockade haben. Das lässt sich reparieren, indem Sie das Ventil ausbauen, zerlegen und vorsichtig säubern.

➤ Nein? Die Hypothese ist damit zwar noch nicht widerlegt, es kommen nun aber auch noch andere Ursachen in Betracht, beispielsweise der Türschalter oder der Aquastop. Schließt der Türschalter nicht, geht gar nichts mehr, aber auch die Betriebsanzeige leuchtet nicht. Hat der Aquastop einen Wassereinbruch im Zu-/Ablauf erkannt, erhält das Magnetventil keinen Strom. Das Fehlerbild ist das gleiche wie bei einer durchgebrannten Spulenwicklung.

Überlegung: Wenn der Aquastop das Gerät deaktiviert, dürfte auch die Laugenpumpe nicht gehen. Diese lässt sich aber bei dem Gerät per Steuerung getrennt einschalten.

Versuch: Programmschalter auf Abpumpen. Tut sich was?

Feststellung: Hören Sie die Pumpe arbeiten?

➤ Ja? Der Verdacht auf ein defektes Magnetventil verdichtet sich. Sie können das Gerät nun öffnen und (nach Ziehen des Netzsteckers) eine Widerstandsmessung an den Spulen der Magnetventile durchführen. Zeigen diese Durchgang, könnte eine Spannungsprüfung (beispielsweise mit dem Phasenprüfer) an den beiden Kontakten im eingeschalteten Zustand den Verdacht wieder auf die Membran lenken. Liegt an beiden Kontakten keine Spannung an, ist das Magnetventil endgültig entlastet...

➤ Nein? Der Fehler liegt irgendwo an der Stromzuführung, am Aquastop oder an der Steuerung.

Wenn Sie nach diesem Muster fortfahren, werden Sie den Fehler nach kurzer Zeit eingekreist haben.

Dieses Beispiel sollte demonstrieren, wie man die Erklärung für einen Ausfall aus dem Funktionszusammenhang erschließen kann, und Sie sehen, wie wichtig es ist, sich durch Vorstellen der physikalischen Abläufe, gepaart mit Logik, guter Beobachtung und einem wachen Verstand in einen Funktionsablauf hineinzudenken.

> **Merke**
> *Es ist höchst unwahrscheinlich, dass bei einem Gerät gleichzeitig zwei Defekte auftreten, die miteinander nichts zu tun haben. Man geht also prinzipiell von einer gemeinsamen Ursache – also mindestens einem dritten Defekt – aus oder vergewissert sich, dass der eine Defekt den anderen hundertprozentig bedingt haben kann.*

Ursachen und nicht Wirkungen bekämpfen

Oft haben Ausfälle eine tiefer greifende Ursache als man zunächst ermitteln wird. Diese macht sich dann (indirekt) bemerkbar, wenn das schon bekannte und behobene Fehlerbild nach einiger Zeit erneut auftritt. So wird beispielsweise der Keilriemen einer Waschmaschine häufiger abspringen, wenn er nicht genügend Zugspannung hat, oder er wird reißen, wenn das Trommellager schwergängig geworden ist. Gefährdet wäre in diesem Fall aber auch der Umwälz- bzw. Schleudermotor, der ja ständig gegen die erhöhte Reibung ankämpfen muss.

Merke | *Sie haben einen Defekt gefunden und repariert. Bevor Sie das Gerät wieder uneingeschränkt in Betrieb nehmen, überlegen Sie sich gut, ob der Defekt wirklich ursächlich für den Ausfall gewesen ist oder selbst nur eine Folgeerscheinung – etwa einer mechanischen Abnutzung.* | *Merke*

2 Prüfen und messen

Nicht alle werden mit ihrem Vielfachmessgerät vertraut sein, daher möchte an dieser Stelle kurz auf die Handhabung eingehen.

Wir unterscheiden zwischen digitalen und analogen Messgeräten. Digitalmultimeter sind inzwischen billiger und handlicher und liefern ihre Messwerte in Zahlenform. Sie eignen sich daher gut für die exakte Messung von Widerständen, Spannungen und Strömen (vgl. [1], [2] oder [3] im Literaturverzeichnis), weniger gut jedoch für das Messen von sich ändernden Messwerten, das Ausmessen von Bauteilen wie Kondensatoren, Dioden und Transistoren sowie Messungen in bestehenden Schaltungen. Meist sind diese Instrumente mit einem Durchgangspiepser ausgerüstet, sodass eine angenehme akustische Verfolgung von Kontakten und Verbindungen möglich ist, ohne dass das Auge abgelenkt wird. Vorteilhaft kann auch die automatische Messbereicheinstellung sein sowie die Polungsunabhängigkeit bei der Gleichspannungs- und Gleichstrommessung. Bessere Ausführungen sind häufig zwar auch als Transistor-/Diodentester konzipiert, vermitteln aber nicht den sinnlichen Eindruck eines analogen Messgeräts.

Analoge Messgeräte besitzen ein Zeigermesswerk, das proportional zur anliegenden Größe ausschlägt. Sie eignen sich vor allem gut zum Messen sich (nicht zu schnell) ändernder Größen und der meisten elektronischen Bauteile.

Die Messung selbst läuft nach folgendem Schema ab:

1. *Messkabel richtig stecken* – das schwarze Kabel kommt grundsätzlich in die mit (–) oder COM und das rote Kabel normalerweise in die mit (+) gekennzeichnete Buchse. Je nach Modell können aber für spezielle Messbereiche (hohe Spannungen oder Ströme) weitere Buchsen vorhanden sein. Ziehen Sie dann auf alle Fälle die Gebrauchsanleitung zu Rate.

2. *Richtigen Messbereich wählen* – zunächst unterschieden nach den Grundbereichen *Widerstandsmessung* (Ω oder Ohm), *Gleichspannungsmessung* (DC oder DCV), *Wechselspannungsmessung* (AC oder ACV und/oder rote Beschriftung), *Gleichstrommessung* (DC Ampere oder DC/A) und *Wechselstrommessung* (AC Ampere oder AC/A).

3. *Empfindlichkeit des Messbereichs wählen* – abhängig von der Größe des zu erwartenden Messwerts erfolgt dann noch die eigentliche Messbereichseinstellung, die bei Digitalmultimetern meist automatisch vor sich geht. Für die Strom und Spannungsmessung beginnt man hier grundsätzlich mit dem unempfindlichsten Messbereich, um das Messwerk zu schützen. Für die hier vor allem interessierende Widerstandsmessung

können Sie im Allgemeinen zwischen den Messbereichen Ω, $\times 100\Omega$, $\times 1K\Omega$, und $\times 10K\Omega$ wählen. Eine Durchgangsprüfung erfordert immer den Messbereich Ω.

> **Vosricht** Die Auswahl eines falschen Messbereichs kann zur sofortigen Zerstörung des Messgeräts führen – insbesondere bei Verwendung eines falschen Grundbereichs. Einzig bei der Widerstandsmessung am spannungslosen Gerät besteht keine Gefahr für das Messgerät. **Vosricht**

4. *Vorbereitung der Messung* – bevor Sie die Messung tatsächlich durchführen, sollten Sie noch einmal den Messaufbau prüfen und sich vergewissern, dass alle Bedingungen dafür erfüllt sind. Beispielsweise darf das Gerät nicht unter Spannung sein, wenn Sie eine Widerstandsmessung durchführen. Fatal kann auch eine versehentliche Strommessung anstelle einer Spannungmessung sein, denn diese erzeugt einen echten Kurzschluss im Gerät und auch ein mit einer Sicherung ausgestattetes Messgerät nimmt davon meist Schaden. Für die Widerstandsmessbereiche sollten Sie bei analogen Messgeräten eine Eichung durchführen, indem Sie die beiden Messspitzen aneinander halten. Bei digitalen Geräten erfahren Sie so den Offset (meist 0,1 bis 0,4 Ω), den Sie später abziehen müssen. Das ist zugleich ein Funktionstest. Stellen Sie das Gerät nach Möglichkeit so ein, dass es exakt 0 Ω anzeigt (oder merken Sie sich für oberflächliche Messungen einfach die „Null"-Position). Die Spannungsmessung läuft analog zur Widerstandsmessung – nur eben unter Spannung. Eine Eichung ist hier nicht erforderlich. Hierbei sollten Sie aber Berührungen der Messspitzen mit den Fingern sowie ungewollte Kurzschlüsse vermeiden. Bei der Strommessung muss dagegen der zu messende Stromkreis unterbrochen und über das Messgerät geschlossen werden. Sie wird daher am seltensten angewendet. Abbildung 2.2 zeigt die möglichen Messanordnungen.

5. *Durchführung der Messung* – wenn der Aufbau in Ordnung ist, halten Sie die erste Messspitze an den einen Kontakt, tippen mit der zweiten Messspitze kurz an den zweiten Kontakt und beobachten den Ausschlag bzw. Messwert. Auf diese Weise schließen Sie aus, ob nicht doch aus Versehen eine Messbereichsüberschreitung vorliegt. Erst wenn diese Prüfung negativ ausgefallen ist, halten Sie auch die zweite Messspitze dauerhaft an den zweiten Kontakt, bis Sie das Messergebnis ablesen können. Bei Messungen an Lötstellen kann es vorkommen, dass Sie die Messspitze ein wenig in das Lötbett drücken oder „bohren" müssen, da äußerliche Oxidschichten das Messergebnis häufig verzerren. Ähnliches gilt auch für andere Leitermaterialien. Gerade bei der Spannungsmessung läuft man hierbei Gefahr, abzurutschen und ungewollte Kurzschlüsse oder Überbrückungen zu verursachen.

6. *Auswertung des Messergebnisses* – das vollständige Messergebnis erhalten Sie erst, nachdem Sie den Messwert mit dem für den Messbereich angegebenen Faktor multipliziert haben (bei Widerstandsmessung gegebenenfalls Offset berücksichtigen).

Vorausgesetzt, Sie haben den Messbereich Ω eingestellt, können Sie jetzt durch einfaches Ansetzen der Messspitzen an einen Schalter oder eine (vermeintliche) Verbindung einen Durchgang nachweisen. Mehr noch, Sie können auch schlechte oder oxidierte Verbindungen erkennen – das Messgerät zeigt dann einen höheren Widerstand als 0 Ω an (kleine Widerstände können übrigens auch durch den Eigenwiderstand sehr dünner oder langer Kupferdrähte entstehen und sind dann als normal zu betrachten – eine Kabeltrommel mit 50 m Kabel und einem Adernquerschnitt von 1,5 mm^2 hat beispielsweise einen regulären Widerstand von 1 Ω).

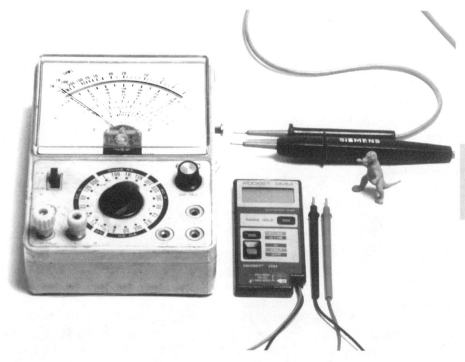

Abb. 2.1: *links* analoges Vielfachmessgerät; *mitte* digitales Vielfachmessgerät; *rechts* zweipoliger Spannungsprüfer für Wechsel- und Gleichspannungen bis 500 V

Merke

Wenn Sie Bauteile per Widerstandsmessung auf ihre Funktionsfähigkeit testen wollen, erzielen Sie ein sicheres Messergebnis nur im ausgebauten Zustand. Dem Ausbau kann natürlich eine „Messung mit Vorbehalt" vorausgehen. „Verdächtige" Bauteile sollten Sie dann auf alle Fälle ausbauen und noch einmal messen.

Merke

2.1 Überprüfung des Stromanschlusses

Geräte, die „gar nichts mehr tun", weisen sehr oft einen Defekt in der Stromzuführung auf – gebrochene Adern im Anschlusskabel, lose Anschlusskontakte und defekte Ein-/Ausschalter. Solche Fehler lassen sich schnell und zuverlässig mit Hilfe eines Vielfachmessgeräts erkennen. Die Messung erfolgt im stromlosen Zustand und beginnt am Stecker:

1. Bevor Sie die beiden Steckkontakte des Netzsteckers mit der Hand berühren, überbrücken Sie sie mit einem metallischen Gegenstand, denn es ist oft der Fall, dass ein (querliegender) Entstörkondensator im Gerät noch geladen ist – gerade wenn das Gerät intern eine Unterbrechung hat. Eine Entladung über ihre Hände ist zwar nicht schlimm, aber man erschrickt doch ganz schön.

2. Stellen Sie den Widerstandsmessbereich Ω ein und testen Sie durch kurzes Aneinanderhalten der Messspitzen die Funktionsbereitschaft des Messgeräts.

3. Halten Sie die Messspitzen an die beiden Steckkontakte. Bei ausgeschaltetem Gerät dürften Sie keinen Ausschlag feststellen. Wenn es trotzdem ausschlägt, unterbricht entweder der Schalter die Stromzuführung nicht, oder es liegt ein Kurzschluss in der Zuleitung vor.

4. Nun schalten Sie das Gerät ein. Wenn Ihr Messgerät daraufhin ausschlägt (der genaue Messwert ist uninteressant, sollte aber einige Ohm betragen), können Sie davon ausgehen, dass Schalter und Stromzuführung intakt sind und das Gerät prinzipiell Strom aufnimmt. Andernfalls müssen Sie das Gerät so öffnen, dass Sie an den Schalter und an die Anschlusskontakte des Stromkabels herankommen.

5. Messen Sie nun den Schalter durch. Die meisten Schalter haben nur zwei oder drei Kontakte (Serienschalter oder Umschalter) und unterbrechen schlicht einen Pol der Stromzuführung. Die Kontakte müssten je nach Schalterstellung „Durchgang" oder „kein Durchgang" zeigen (bei drei Kontakten muss der Durchgang abwechselnd sein). Bei Schaltern mit vier, sechs oder noch mehr Kontakten können Sie davon ausgehen, dass Sie mehrere Ein-/Aus- bzw. Umschalter mit zwei bzw. drei Kontakten vor sich haben. Entsprechend müssten Ihre Messergebnisse ausfallen. (Wenn Ihnen nicht klar ist, welcher Kontakt zu welchem gehört, versuchen Sie eben mehrere Kombinationen.)

6. Ist der Schalter in Ordnung, messen Sie bei eingeschaltetem Schalter zwischen den Schalteranschlüssen und dem Netzstecker. Eine von beiden Möglichkeiten sollte einen Durchgang zeigen. (Bei zwei- oder mehrpoligen Ausschaltern müssten Sie – abgesehen vom Schutzleiter – für alle Adern einen Durchgang finden.)

7. Zu guter Letzt messen Sie das Anschlusskabel adernweise durch.

Wenn Sie überall da, wo es zu erwarten war, einen Durchgang feststellen konnten, fällt der Verdacht auf das Gerät selbst.

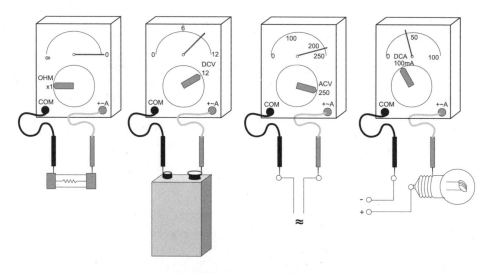

Abb. 2.2: Gebrauch eines Vielfachmessgeräts – *von links nach rechts* Widerstands-, Gleichspannungs-, Wechselspannungs- und Gleichstrommessung

Fehlerbilder eines Anschlusskabels

Fehlerbild	Gerät geht manchmal, manchmal nicht – ein Bewegen des Anschlusskabels schafft zeitweise Abhilfe.
mögliche Ursachen	Bei Kabelbrüchen kommt es oft vor, dass in bestimmten Lagen das Kabel messtechnisch in Ordnung scheint. Bewegen Sie also das Kabel während der Messung, wenn der Verdacht eines Wackelkontakts vorliegt. Das Messgerät müsste dann entsprechend reagieren.
Abhilfe	Bei längeren Kabeln (Kabeltrommel) können Sie mit etwas Gefühl, durch Augenschein und in Kombination mit Messungen herausfinden, wo der Bruch vorliegt. Wenn Sie das Kabel an der Stelle aufschneiden, können Sie die beiden Enden weiter verwenden. Von Flickwerken à la Verdrillung und Isolierband ist abzuraten. Wenn schon geflickt werden muss, dann sollten Sie wenigstens klemmen oder löten und das „Ergebnis" mit Textilband zuerst aderweise und dann als Ganzes gut umwickeln, um auch noch einen halbwegs brauchbaren Zugschutz zu erreichen.
mögliche Ursachen	Der Fehler versteckt sich im eingegossenen Stecker und tritt auf, wenn das Kabel am Stecker abgeknickt wird.
Abhilfe	Stecker austauschen.

2

Prüfen und messen

(Wie Sie bei der Montage eines neuen Steckers oder Anschlusskabels vorgehen, vgl. [1] oder [2] im Literaturverzeichnis).

> **Beachte** *Prüfen Sie auf jeden Fall auch den richtigen Anschluss des gelbgrünen Schutzleiters. Er muss eine Verbindung zwischen dem metallischen Gehäuse (nur wenn nicht schutzisoliert) und den seitlichen Klammern des Schukosteckers herstellen.* **Beachte**

Austausch von Schaltern

Der Austausch von Schaltern kann sich relativ schwierig gestalten, da ein Ersatz meist schlecht aufzutreiben ist. Vielfach muss man zu improvisierten Lösungen greifen bzw. einen „ähnlichen" Schalter verwenden.

Geben Sie sich also Mühe, zuerst theoretisch seine Schaltfunktion zu verstehen, und kennzeichnen Sie die Anschlussadern, bevor Sie sie abmachen. Oft ist hierzu ein Lötkolben erforderlich (vgl. Abschnitt 3.1 „Richtig Löten"). Bei komplizierteren Schaltern fertigen Sie am besten auf einem Blatt Papier eine Skizze (Schaltplan) an – das hilft beim Denken und schützt vor dem Vergessen.

> **Tipp** *Bei Kleingeräten mit einfachen Ein-/Aus-Schaltern besteht die Möglichkeit, einen handelsüblichen Schnurzwischenschalter (Preis ca. 4 €) in das flexible Anschlusskabel einzubauen, wenn der Bedienkomfort darunter nicht allzu sehr leidet. Der defekte Schalter wird dann im Gerät belassen und geeignet überbrückt.* **Tipp**

Wenn Sie einen passenden Schalter aufgetrieben haben, sollten Sie ihn zuerst auf seine Funktionsfähigkeit hin durchmessen. Dabei können Sie gleich feststellen, über welche Kontakte die Schaltfunktionen realisiert sind. Bevor Sie die Kontakte dann schaltplangerecht anschließen (bzw. anlöten), stellen Sie sicher, dass er auch wirklich von der Schaltleistung (max. Schaltspannung und Schaltstrom beachten), von der Mechanik und von den Abmessungen her passt.

Fehlerbilder eines Geräteschalters

Fehlerbild	Messung ergibt einen Übergangswiderstand von einigen Ohm.
mögliche	Korrodierte Schaltkontakte und/oder nachlassende Federspannung.

Ursachen	
Abhilfe	Je nach Aufbau kann ein Zerlegen mit nachfolgender Reinigung der Kontakte sowie einem (maßvollen) Nachbiegen der Federn zum dauerhaften Erfolg führen.
Fehlerbild	Schalter klickt beim Schalten nicht richtig, oder summt „elektrisch".
mögliche Ursachen	Schalter ist mechanisch defekt; Feder gebrochen, ausgeleiert, Schaltwerk verschmutzt; Kontakte nach Kurzschluss verklebt.
Abhilfe	Der Schalter sollte ausgetauscht werden. Wenn eine Zerlegung möglich ist, kann ein Reparaturversuch unternommen werden, der meist aber ergebnislos ist.

2.2 Bauteile und deren Überprüfung

Mit einem Widerstandsmessgerät können Sie alle elektrischen Bauteile auf ihre prinzipielle Funktionstüchtigkeit hin überprüfen. Mechanische Funktionen, etwa das tatsächliche Schalten von Relais oder die Laufeigenschaft eines Motors, natürlich nicht. Schwierig wird es auch bei Wärmedefekten (Kontaktunterbrechungen unter Wärmeeinwirkung) und Isolationsschäden, da diese meist erst unter voller Betriebsspannung und Belastung auftreten.

Glühlampen

Glühlampen enthalten eine Wendel aus Wolframdraht, die elektrisch gesehen einen Widerstand darstellt. Je nach Leistung und Betriebsspannung wird dieser zwischen wenigen und mehreren hundert Ohm liegen. Im Widerstandsmessbereich Ω erzeugt eine Glühlampe einen deutlich sichtbaren Ausschlag, wenn sie intakt ist. Da Glühlampenwendeln sehr heiß werden, ist ihr Widerstand bei Arbeitstemperatur deutlich höher als im kalten Zustand.[4] Lassen Sie sich dadurch nicht irritieren, wenn Sie versuchen sollten, den Widerstand theoretisch aus der Lampenleistung zu berechnen.

[4] Man verwendet sie deshalb zuweilen auch als *Kaltleiter*.

Fehlerbilder einer Glühlampe

Fehlerbild	Glühlampe leuchtet nicht.
mögliche Ursachen	Wendel ist unterbrochen.
Abhilfe	Austausch gegen Birne mit richtigem Anschlusswert.
Mögliche Ursachen	Korrosion an den Kontakten der Fassung, Lampe nicht fest genug eingeschraubt, Kontaktverbrennungen.
Abhilfe	Kontakte der Fassung (im spannungsfreien Zustand) säubern, justieren.
Fehlerbild	Glühlampe zeigt starke Schwärzung an der Innenseite des Glaskolbens.
Mögliche Ursachen	Lange Betriebsdauer, zu hohe Spannung.
Abhilfe	Spannung nachmessen, gegebenenfalls Glühlampe gegen eine mit richtigem Spannungswert einbauen.
Fehlerbild	Sicherung hat sich beim Einschalten mit einem Knall verabschiedet (unter Umständen ist dabei auch der Glaskolben geplatzt) .
Mögliche Ursachen	Alterung der Glühlampe: Glaskolben der Glühlampe hat Luft gezogen und beim Einschalten des Geräts entstand ein Lichtbogen, der wie ein Kurzschluss gewirkt hat.
Abhilfe	Austausch der Glühlampe und Sicherung. Eine Wiederholung des Effekts ist nicht zu befürchten.

> **Merke**
>
> *Defekte Glühlampen erkennt man rein visuell an einer unterbrochenen Wendel. Sicherheit schafft die Widerstandsmessung. Das häufig praktizierte Schütteln in Erwartung eines Klingelns liefert keine sichere Aussage und kann sogar zur Zerstörung der Glühwendel führen.*

Widerstände

Widerstände setzen elektrische Energie ausschließlich in Wärme um. Sie werden in Ohm (Ω) gemessen und unterliegen sowohl im Wechsel- als auch im Gleichstrombetrieb dem

Ohmschen Gesetz (vgl. [1] oder [2] im Literaturverzeichnis). Ihre Funktion in Haushaltsgeräten liegt nahezu ausschließlich in der Leistungsherabsetzung. Man spricht dann von Vorwiderständen (z.B. für Ankerwicklungen in Motoren mit mehreren Geschwindigkeiten). In Reihe mit dem Verbraucher geschaltet erniedrigen sie die am Verbraucher anliegende Spannung und reduzieren damit dessen Leistung.

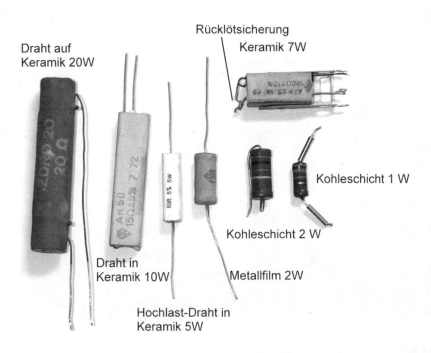

Abb. 2.3: Verschiedene Widerstände

Die *Messung* geschieht im Ohmbereich und müsste dasselbe Ergebnis liefern wie die Aufschrift. Für den einfachen Funktionstest reicht es, wenn das Messgerät irgendwie ausschlägt, denn eine Veränderung des Widerstandswerts kommt bei Widerständen eigentlich nie vor – und wenn doch, dann weisen sichtbare Verbrennungen oder Verfärbungen deutlich darauf hin.

Ein häufiges Problem beim Austausch defekt gewordener Widerstände ist allerdings die Feststellung seines Werts. So tragen nur Widerstände größerer Leistung (typisch ab 2 Watt) eine Aufschrift, die aber unleserlich geworden sein kann – der Praxistipp gegen Ende dieses Abschnitts zeigt, wie sich der Wert dennoch ermitteln lässt. Die Werte von Widerständen bis 2 Watt sind dagegen mehrheitlich durch Farbringe (selten auch Farbpunkte) kodiert, die eine Übersetzung erforderlich machen. Kennt man den Kode, lüftet sich das Geheimnis schnell. Widerstände mit größerer Herstellungstoleranz (5 – 20%) weisen drei oder vier Farbringe auf, Qualitätswiderstände mit geringerer Toleranz gleich fünf. Dabei geben die ersten drei (bzw. vier) Aufschluss über den Widerstandswert und der vierte bzw. fünfte, falls vorhanden, über die Genauigkeit des Werts (vgl. Abbildung 2.4). Die Lesrichtung wird eindeutig, wenn man weiß, dass der vierte Ring in den meisten Fällen gold oder silber ist und bei fünf Ringen der letzte etwas abgesetzt ist und nur braun oder rot sein kann (beachten Sie auch den Tipp). Die folgenden Formeln zeigen, wie Sie den Widerstand errechnen. Die Farbzuordnung für die einzelnen Stellen entnehmen Sie Tabelle 2.1.

4-Ring-Kodierung

Der Wert eines gewöhnlichen Widerstands bis 2 Watt wird durch drei oder vier Farbringe kodiert. Die ersten beiden Ringe liefern die Dezimalstellen, der dritte die Zehnerpotenz und der vierte die Toleranz:

$$\text{Widerstand} = (10 \cdot 1. \text{Ring} + 2. \text{Ring}) \cdot 3. \text{Ring}$$
$$\text{Toleranz} = 4. \text{Ring (wenn fehlt, 20\%)}$$

Tab. 2.1: Farbzuordnung bei 4-Ring-Kodierung eines Widerstands

Farbe	1. Ring (1.Stelle)	2. Ring (2. Stelle)	3. Ring (Faktor, 10^n)	4. Ring (Toleranz)
Schwarz	–	0	1 Ω	–
Braun	1	1	10 Ω	–
rot	2	2	100 Ω	–
orange	3	3	1 kΩ	–
gelb	4	4	10 kΩ	–
grün	5	5	100 kΩ	–
blau	6	6	1 kΩ	–
violett	7	7	10 kΩ	–
grau	8	8	–	–
weiss	9	9	–	–
silber	–	–	0,01 Ω	10 %
gold	–	–	0,1 Ω	5 %
(fehlt)	–	–	–	20 %

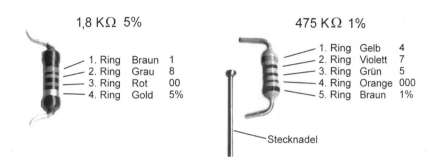

Abb. 2.4: Farbringkodierte Widerstände – *links* 4 Ringe; *rechts* fünf Ringe

5-Ring-Kodierung

Widerstände mit 5-Ring-Kodierung sind Präzisionswiderstände, die man eigentlich nur in Messaufbauten (Messgeräten) antrifft. Die ersten drei Ringe liefern die Dezimalstellen, der vierte die Zehnerpotenz und der fünfte die Toleranz:

> Widerstand = (100 · 1. Ring + 10 · 2. Ring + 3. Ring) · 4. Ring
> Toleranz = 5. Ring (immer vorhanden)

Tab. 2.2: Farbzuordnung bei 5-Ring-Kodierung eines Widerstands

Farbe	1. Ring (1. Dezimalstelle)	2. Ring (2. Dezimalstelle)	3. Ring (3. Dezimalstelle)	4. Ring (Faktor, 10^n)	5. Ring (Toleranz)
schwarz	–	0	0	1 Ω	
braun	1	1	1	10 Ω	1 %
rot	2	2	2	100 Ω	2 %
orange	3	3	3	1 kΩ	–
gelb	4	4	4	10 kΩ	–
grün	5	5	5	100 kΩ	–
blau	6	6	6	1 kΩ	–
violett	7	7	7	10 kΩ	–
grau	8	8	8	–	–
weiss	9	9	9	–	–
silber	–	–	–	0,01 Ω	–
gold	–	–	–	0,1 Ω	–

Prüfen und messen

Beispiele

1. Sie haben einen Widerstand mit vier Farbringen vor sich und lesen die Farben *Rot-Rot-Gelb-Silber*. Der Code ergibt den Wert:

$$(10 \cdot 2 + 2) \cdot 10 \text{ k}\Omega = 220 \text{ k}\Omega \text{ bei } 10\% \text{ Toleranz.}$$

2. Sie haben einen Widerstand mit 5-Ring-Kodierung vor sich und lesen die Farben *Braun-Schwarz-Schwarz-Gold-Rot*. Die Dekodierung ergibt:

$$(100 \cdot 1 + 10 \cdot 0 + 0) \cdot 0,1 \ \Omega = 10 \ \Omega \text{ bei } 2\% \text{ Toleranz.}$$

Tipp

Wenn die Farbe eines Rings mal nicht eindeutig lesbar ist

Gerade die Farben Rot, Braun und Orange aber auch Schwarz und Braun lassen sich häufig schwer unterscheiden. Weiß man, dass farbkodierte Widerstände einer so genannten Widerstandsreihe *entstammen, lassen sich Mehrdeutigkeiten ausräumen. Die möglichen Werte (ohne Faktor) für die 4-Ringkodierung sind:*

10, 12, 15, 18, 22, 27, 33, 39, 47, 56, 68, 82

Bei der 5-Ring-Kodierung gibt es zusätzlich die Werte

11, 13, 16, 20, 24, 30, 36, 43, 51, 62, 75, 91

(Bei Präzisionswiderständen findet man auch noch Zwischenwerte.)

Die zweite, für die Lebensdauer eines Widerstands enorm wichtige Größe ist seine Leistung. Sie gibt an, wieviel Wärme der Widerstand bei Dauerbelastung und normaler Temperatur abgeben kann. Die Standardausführungen liegen zwischen 0,25 und 20 Watt, wobei die typische Baugröße etwas differieren kann, je nachdem, ob Sie es mit einem Kohleschicht-, Metallfilm- oder Drahtwiderstand zu tun haben (vgl. Abbildung 2.3). Dennoch lässt sich von der Baugröße her recht gut auf die Leistung schließen, wenn man einen Vergleich hat. Widerstände ab 2 Watt besitzen häufig einen Aufdruck, der die maximale Leistung explizit angibt.

Merke

Widerstände, die an der Grenze ihrer Belastbarkeit betrieben werden, erhitzen sich während des Betriebs stark und neigen dazu, ihre Lötstellen „erkalten" zu lassen, da die Wärme zu einer beschleunigten Oxidation des Lötzinns führt (siehe Seite 65). Nachlöten hilft hier wenig, besser die Anschlussdrähte großzügig (ca. 2 cm) bemessen.

Fehlerbilder eines Widerstands

Fehlerbild	Widerstand weist äußerliche Verbrennung oder Verfärbung auf.
Diagnose	Ein defekt gewordener Widerstand weist in etwa 70 % der Fälle eine deutlich sichtbare Verbrennung oder Unterbrechung und in 95 % der Fälle zumindest eine erhebliche Verfärbung auf. Verfärbung allein ist allerdings noch kein sicheres Zeichen für einen Defekt. Sicherheit schafft erst eine Messung.
	1. Führen Sie eine erste Messung im eingebauten Zustand durch. Der Messwert darf nicht größer sein als der aufgedruckte Wert, sonst ist der Widerstand defekt. Stimmt er exakt, ist der Widerstand im Allgemeinen noch in Ordnung (Lötstellen prüfen).
	2. Ist der Messwert kleiner als der erwartete Wert, sollten Sie den Widerstand ausbauen und die Messung wiederholen.
mögliche Ursachen	Ursache ist in einem solchen Fall immer eine Überlastung durch einen Kurzschluss, ein weiteres defektes Bauteil (Kurzschluss in Ankerwicklung) oder unzureichende Wärmeabfuhr aufgrund mangelnder Konvektion (Lüftungsschlitze verstellt).
Abhilfe	Reparaturen durch schlichten Austausch abgebrannter Widerstände sind oft nicht von langer Dauer, wenn nicht ein vorangegangener (und behobener) Kurzschluss oder ein anderer Defekt als Ursache feststeht. Um auszuschließen, dass ein weiterer Defekt vorliegt, tauschen Sie den Widerstand gegen einen gleicher Leistung (!) aus und nehmen das Gerät in immer länger werdenden Abständen in Betrieb (beachten Sie gegebenenfalls den Praxistipp, falls der Wert nicht lesbar ist). Fängt der neue Widerstand nach kurzer Zeit zu rauchen an, ist der Fall klar: Es gibt noch eine andere Ursache.
Fehlerbild	Messwert entlarvt Widerstand als defekt, er selbst zeigt aber keine Anzeichen eines Defekts.
mögliche Ursachen	Der aufgedruckte Wert ist schlecht lesbar geworden, vielleicht stimmt der Messwert ja doch? Wanderwellen etwa aufgrund von Blitzeinschlägen haben zu einem Riss des Metallfilms oder der Kohleschicht geführt.
Abhilfe	Austausch.
Fehlerbild	Federkontakt am oberen Ende eines Keramik-Draht-Widerstands ist geöffnet.
mögliche Ursachen	Der Widerstand ist mit einer so genannten Rücklötsicherung ausgestattet, die aufgrund von Überlast ausgelöst hat. In 99% der Fälle liegt noch

	ein weiterer Defekt vor, der für die Überlast verantwortlich ist.
Abhilfe	Niederdrücken der Feder und Löten unter Zugabe von Lötzinn. Nach weiteren Defekten forschen.
Fehlerbild	Kalte Lötstelle am Anschluss eines Widerstands.
mögliche Ursachen	Widerstand ist aufgrund von Überlast heiß geworden, das hat zu beschleunigter Oxidation des Lötzinns an der Lötstelle geführt. In den meisten Fällen liegt eine andere Ursache für die Überlast oder eine schlechte Wärmeabfuhr aufgrund verminderter Konvektion vor.
Abhilfe	Nachlöten allein hilft meist nicht. Widerstand gegen einen mit längeren Anschlussdrähten oder höherer Belastbarkeit austauschen.

Hinweise für den Austausch

Beachte *Ersetzen Sie Widerstände grundsätzlich nur durch solche, die den gleichen Ohmwert und mindestens die gleiche Belastbarkeit (Watt) haben. Bei Widerständen ab mittlerer Leistung sollten die Anschlussdrähte zum Schutz der Lötstelle nach Möglichkeit lang bleiben.* **Beachte**

In der Praxis werden Sie in Ihrer Bastelkiste oft keinen Widerstand mit den gewünschten Werten finden. In manchen Fällen kann man sich dann mit „Tricks" behelfen – nämlich mit der Parallelschaltung bzw. Reihenschaltung (Serienschaltung) mehrerer Widerstände. Abbildung 2.5 zeigt mehrere Anordnungen für einen Gesamtwiderstand von 50 Ω.

Ersatzschaltungen müssen aber auch in Bezug auf die Verlustleistung richtig dimensioniert sein. Bei der Auswahl der Teilwiderstände muss daher auf mehrere Punkte geachtet werden.

1. Die Summe der maximalen Verlustleistungen aller Widerstände muss mindestens der geforderten Verlustleistung entsprechen.

$$P_{ges} = P_1 + P_2 + \dots + P_n$$

2. Bei der Reihenschaltung erfolgt die Aufteilung der anteiligen Verlustleistung direkt proportional zum Widerstand – je größer der Widerstand, desto mehr Leistung fällt an.

$$\frac{R_i}{R_{ges}} = \frac{P_i}{P_{ges}}$$

3. Bei der Parallelschaltung erfolgt die Aufteilung der anteiligen Verlustleistung indirekt proportional zum Widerstand – je kleiner der Widerstand, desto mehr Leistung fällt an.

$$\frac{R_i}{R_{ges}} = \frac{P_{ges}}{P_i}$$

Wie bereits bemerkt, wird es schwierig, wenn der Aufdruck eines vom Wert her unbekannten und durchgebrannten Widerstands nicht mehr lesbar ist. Normalerweise hilft da nur noch ein Schaltplan weiter, Sie können es aber auch mit dem folgenden Praxistipp versuchen.

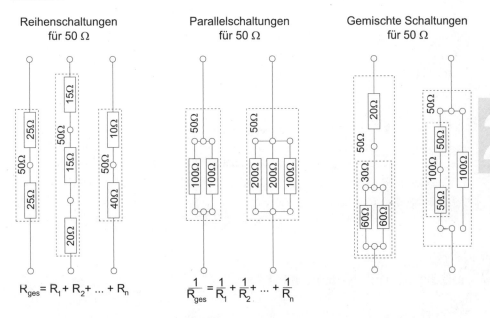

Abb. 2.5: Verschiedene Ersatzschaltungen für einen Gesamtwiderstand von 50 Ω – die Formeln unter den Schaltbildern ermöglichen die allgemeine Berechnung.

Praxistipp: Wert eines durchgebrannten Widerstands ermitteln

In vielen Fällen lässt sich der Wert eines durchgebrannten Draht- oder Metallfilmwiderstands, dessen Beschriftung nicht mehr (eindeutig) lesbar ist, aber dennoch ermitteln – bei Kohleschichtwiderständen ist die Methode meist zu ungenau.

1. Sie können davon ausgehen, dass die Widerstandsbahn an einer Stelle unterbrochen ist – suchen Sie diese, etwa durch vorsichtiges Abkratzen der Lackisolation bzw. durch Ausbau des Widerstands aus seiner Keramikfassung.
2. Legen Sie die Widerstandsbahn so weit frei, dass eine Messung möglich ist.
3. Messen Sie nun so exakt wie möglich von beiden Seiten aus zwischen den Anschlussdrähten und der Unterbrechung.
4. Addieren Sie die beiden Messwerte – voilà. Manchmal kann es nötig sein, ein paar Prozent auf den empirisch ermittelten Messwert aufzuschlagen, wenn die Brandstelle recht groß ist.

Praxistipp: Drahtwiderstände reparieren

Widerstände höherer Leistung sind meist Drahtwiderstände. Oft lassen sich durchgebrannte Drahtwiderstände noch weiter verwenden, wenn die Unterbrechung beseitigt wird:

1. Wickeln Sie auf jeder Seite der Unterbrechung eine halbe Windung ab.
2. Verdrehen Sie die beiden Drähte gut (zwei bis drei Windungen) miteinander. Löten bringt hier nichts, es sei denn, Sie können hartlöten.

Sie verlieren dadurch zwar etwas vom Widerstandswert, das ist aber in den meisten Fällen nicht tragisch. Es ist natürlich müßig zu erwähnen, dass diese improvisierte Lösung eine Ausnahme bleiben und der Widerstand bei Gelegenheit ausgetauscht werden sollte.

Bedenken Sie, dass ein Widerstand selten „einfach so" defekt wird. Meist wird eine Überlastung durch ein mit dem Widerstand in Reihe geschaltetes Bauteil – etwa eine Wicklung mit Windungsschluss – die eigentliche Ursache des Ausfalls sein.

Heizdrähte und Heizelemente

Auch Heizdrähte und Heizelemente sind „Ohmsche Widerstände". Sie bestehen aus oxidationsbeständigen Metallen mit oder ohne Isolationskörper. Die Messung erfolgt im Bereich Ω. Der zu erwartende Widerstand lässt sich zum Vergleich gut nach dem Ohmschen Gesetz (vgl. [1] oder [2] im Literaturverzeichnis) berechnen, wenn die Leistung bekannt ist. Tabelle 2.3 gibt Anhaltspunkte.

Tabelle 2.3: Ströme durch ohmsche Widerstände (Verlustleistung bei 230 Volt)

Leistung	Widerstand (ungefähr)	Strom (ungefähr)
1 Watt	53 kΩ	4,3 mA
5 Watt	11 kΩ	21 mA
100 Watt	530 Ω	0,43 A
200 Watt	260 Ω	0,86 A
400 Watt	130 Ω	1,7 A
500 Watt	110 Ω	2,2 A
1000 Watt	53 Ω	4,4 A
2500 Watt	21 Ω	11 A
3000 Watt	18 Ω	13 A
4000 Watt	13 Ω	17 A

Fehlerbilder von Heizelementen

Die Hauptursachen für defekte Heizelemente (in Spülmaschinen, Waschmaschinen oder Boilern) liegen in der Verkalkung. Eine Kalkschicht um den Heizkörper vermindert die Wärmeabgabe, führt zur Überhitzung und schließlich zum Durchschmelzen des Heizdrahts. Meist ist am Heizelement dann eine Verbrennung oder Verfärbung zu sehen. (Vorsicht! Im Zusammenspiel mit Wasser kann dadurch das gesamte Gerät unter Spannung geraten. Nur eine intakte Schutzleiterinstallation löst in diesem Fall die Sicherung oder den FI-Schalter aus). Bei kombinierten Heizelementen wie Herdplatten ist meist Dauerbetrieb unter Vollast die Ursache dafür, dass ein Element ausfällt. Der Herd wird dann in bestimmten Heizstufen gar nicht oder mit verminderter Heizleistung arbeiten.

Fehlerbild	Gerät heizt nicht mehr.
mögliche Ursachen	Heizstab defekt; Thermostat schaltet nicht ein, Schaltkontakte verbrannt
Abhilfe	Austausch.
Fehlerbild	Gerät elektrisiert oder FI-Schalter fällt bei Inbetriebnahme.
mögliche Ursachen	Schutzrohr um Heizstab ist korrodiert, Heizelement steht in elektrischem Kontakt mit dem Wasser.
Abhilfe	Heizstab unbedingt austauschen.
Fehlerbild	Gerät heizt mit verminderter Leistung.

2

Prüfen und messen

mögliche Ursachen	Kalkablagerungen am Heizelement verschlechtern die Wärmeabgabe. Das Heizelement altert dadurch übermäßig schnell.
Abhilfe	Heizelement ausbauen und Entkalker anwenden. Falls das Schutzrohr starke Korrosion zeigt, besser gleich austauschen.

Spulen, Wicklungen

Spulen bzw. Wicklungen von Motoren, Drosseln, Relais und Transformatoren sind nichts anderes als lange, um einen magnetisch aktiven Kern gewickelte isolierte Kupferdrähte mit zwei oder mehr Anschlüssen.[5] Werden Spulen von Strom durchflossen, bauen sie im Kern ein magnetisches Feld auf, dessen Polung sich bei Wechselstrom ständig ändert. Dieses Magnetfeld wird von Motoren in Bewegung umgesetzt, von Relais in Schaltvorgänge, und bei Drosseln bewirkt es im Zusammenhang mit der Änderung der Stromflussrichtung bei Wechselstrom die Bildung eines frequenzabhängigen Blindwiderstands, der dem Strom einen Widerstand entgegensetzt und somit wie ein echter Widerstand wirkt, aber keine Verlustwärme freisetzt. Dummerweise bewirkt eine Spule eine Phasenverschiebung zwischen Strom und Spannung, daher lassen sich Spulen nur bedingt als „Widerstände" einsetzen (vgl. Vorschaltgeräte für Leuchtstofflampen). Spulen sind für hohe Frequenzen schlecht „durchlässig" und für niedrige gut.

Aus der Sicht eines Gleichstroms – und diese ist für die Widerstandsmessung relevant – verhält sich eine Spule wie ein „Ohmscher Widerstand", das heißt, sie weist einen Durchgangswiderstand auf, der von der Länge und Dicke des verwendeten Wicklungsdrahts abhängt.

Für die Prüfung lässt sich eine Spule wie ein normaler Widerstand durchmessen. Wicklungen stärkerer Motoren zeigen Messwerte von wenigen Ω, Transformatoren im Primärkreis (230 Volt-Seite) je nach Leistung etwa 20 bis 200 Ω und im Sekundärkreis erheblich weniger. Auch Relaisspulen sind noch im Widerstandsmessbereich Ω gut durchzumessen.

Fehlerbilder von Wicklungen

Da Motoren und Transformatoren aus mehreren getrennten Wicklungen bestehen können, ist die Messung manchmal schwierig oder nicht so aussagekräftig. Hinweise für einen Defekt sind auf alle Fälle aus der Wicklung herausgeführte Spulendrähte, die gegen keinen anderen Spulenanschluss einen Durchgang zeigen. Wicklungsschlüsse lassen sich dage-

---

[5] Bei mehreren Anschlüssen ein und derselben Wicklung spricht man von „Anzapfungen". Formal gesehen hat man dann mehrere in Serie geschaltete Spulen vor sich.

gen nur diagnostizieren, wenn die Wicklung wider Erwarten durch einen zu geringen Widerstand auffällt (z.B. durch Vergleich mit anderen, gleichartigen Wicklungen).

Relais weisen oft mechanische Defekte oder Kontaktschwächen auf. Nach Entfernen der Staubschutzvorrichtung kann die Mechanik sowie das Schließen und Öffnen der Kontakte durch leichten Druck auf den Relaisanker beobachtet werden. Die Schalteigenschaft lässt sich auf diese Weise gut simulieren und messen. Ob ein Relais aber wirklich anzieht, ist nur feststellbar, wenn die richtige Spannung an die Ankerspule angelegt wird. Das Relais müsste dann ein deutlich vernehmbares Klicken von sich geben, wenn der Anker schließt.

Fehlerbild	Wicklung ist verfärbt.
mögliche Ursachen	Überlastung des Geräts (Transformator oder Motor). Häufig liegt bei äußerlich sichtbarer Verfärbung intern auch ein Wicklungsschluss vor, da die Spule innen wesentlich heißer und die Isolation mit zunehmender Temperatur schlechter (weicher) wird.
Abhilfe	Bei wertvollem Gerät (Anker) neu wickeln lassen (das geht meist nicht selbst), ansonsten Austausch des gesamten Bauteils.
Fehlerbild	Wicklung zeigt keinen Durchgang, ist aber nicht verfärbt.
mögliche Ursachen	Unterbrechung der Wicklung, möglicherweise durch mechanische Einwirkung oder innen durchgebrannt.
Abhilfe	Nehmen Sie die Wicklung genau in Augenschein, vielleicht sehen Sie ja die Unterbrechung und können sie (vorsichtig) löten. Gerade die Anschlussstellen sind gefährdet, da die dünnen Drähte dort mangels fester Einbettung gerne reißen.
mögliche Ursachen	Lötstelle gebrochen – dies passiert vor allem bei Transformatoren in Schaltnetzteilen (auch Zeilentransformatoren) recht häufig, da diese mechanisch mit hohen Frequenzen schwingen und sich gerne aus dem Lötbett befreien.
Abhilfe	Anschlüsse nachlöten.
Fehlerbild	Starke Geräuschentwicklung (sägendes Netzbrummen, Piepsen oder Pfeifen in Schaltnetzteilen).
mögliche Ursachen	Bleche des Spulenkerns oder andere Spulenteile sind locker geworden und schwingen.
Abhilfe	Sekundenkleber zwischen die Bleche einfließen lassen – Heißkleber ist ungeeignet, da Bleche und Wicklung während des Betriebs heiß werden; Bleche und Spulenteile sonstwie mechanisch fixieren beispielsweise durch Kabelbinder oder Gummi, nicht jedoch durch blanken Draht (wegen möglicher Induktion).

Sensoren: Thermostaten, Bimetallschalter, Druckschalter

Thermostaten und Bimetallschalter lassen sich prinzipiell wie normale Schalter auf Durchgang prüfen. Dabei muss berücksichtigt werden, dass der Schaltvorgang temperaturabhängig stattfindet. Zur Simulation einer Temperaturänderung können Sie bei warmen bis heißen Schaltpunkten einen Fön oder auch (vorsichtig) einen Lötkolben benutzen, den sie auf den Messfühler richten. Liegt der Schaltpunkt dagegen eher im Kalten, wie bei Kühlschrank-Thermostaten, tut es eine Prise Kältespray oder ein Eiswürfel. Oft lassen sich die Schaltpunkte von solchen Schaltern durch eine Schraube in gewissen Grenzen justieren. (Dabei ist aber Vorsicht geboten, damit der Ansprechpunkt des Schalters nicht außerhalb des Regelbereichs zu liegen kommt.) Meist ist der Schaltpunkt deutlich als Klick zu hören.

Abb. 2.6: *unten* Festtemperatur-Bimetallschalter; *oben* Druckschalter aus Wasch-/ Spülmaschine

Bei Druckschaltern (etwa Füllstandsmesser von Spül- und Waschmaschinen, vgl. Abbildung 2.6) geschieht die Simulation des Schaltvorgangs durch Anlegen eines geeigneten Drucks. Bei geringeren Druckpunkten (etwa bis 1 Bar) reicht meist noch die Puste aus. Andernfalls kann man z.B. auf eine Luftpumpe oder auf Preßluft zurückgreifen. Flüssigkeitsdruck dürfen Sie nur bei Schaltern verwenden, die Flüssigkeitsdruck und nicht Luftdruck messen. Hierfür bieten sich schlichte Flüssigkeitssäulen (je Meter Höhenunterschied beträgt der Druckzuwachs 0,1 Bar) oder Spritzen an.

Fehlerbilder von Sensoren

Kontaktschwächen an Schaltern, die mit druck- oder temperaturempfindlichen Sensoren gekoppelt sind, lassen sich meist visuell gut erkennen, sofern die Kontakte einsehbar sind. (Wenn sich das Schaltergehäuse nicht öffnen lässt, dann ist der Austausch wohl unvermeidbar.) Die Kontakte weisen dann Verbrennungen auf oder schließen aufgrund nachlassender Federwirkung nicht mehr richtig. Hinweis auf einen schwachen Kontakt ist auch ein Messergebnis, das im Bereich von mehreren Ohm liegt.

Korrodierte Kontakte reinigen Sie mit einem Streifen feinen Schmirgelpapiers in Verbindung mit Kontaktspray. Bei schwach korrodierten oder nicht zugänglichen Kontakten hilft häufig auch nur ein guter Schuss Kontaktspray (vor Wiederinbetriebnahme warten, bis Kontaktspray verdampft ist!).

Fehlerbild	Festtemperatur-Bimetallschalter schaltet nicht.
mögliche Ursachen	Federbruch, Kontakte aufgrund von vorher gegangenem Kurzschluss verklebt.
Abhilfe	Hier ist meist Hopfen und Malz verloren – Austausch.
Fehlerbild	Einstellbarer Bimetallschalter schaltet nicht.
mögliche Ursachen	Natürlich kommt auch hier ein Federbruch oder eine Verklebung des Schaltkontakts in Betracht. Es besteht aber auch die Hoffnung, dass der Schalter schlicht dejustiert (etwa weil verbogen) ist.
Abhilfe	Nachjustieren, Kontakte säubern, wenn beides nicht geht, Austausch.
Fehlerbild	Bei einstellbarem Bimetallschalter ist Schaltpunkt verschoben.
mögliche Ursachen	Federbruch; Kontaktverklebung; es besteht aber auch die Möglichkeit, dass der Regler überdreht (eine Umdrehung weiter) wurde, etwa weil die Endarretierung abgebrochen ist, oder der Regler ohne Knopf betätigt wurde.
Abhilfe	Zurückdrehen, Justierung versuchen.
Fehlerbild	Thermostat mit Kapillare und Messfühler schaltet nicht.
mögliche Ursachen	Der manchmal mehrere Meter entfernte Messfühler hat sich aus seiner Halterung gelöst und hat keinen guten thermischen Kontakt mehr. Die Kapillare, die den Flüssigkeitsdruck überträgt, hat einen Knick.
Abhilfe	Messfühler wieder befestigen, Kapillare vorsichtig mit einer Zange wieder gerade biegen (bei Riss der Kapillare ist ein Austausch unvermeidlich).
Fehlerbild	Druckschalter schaltet nicht oder hat unsauberen Schaltpunkt.
mögliche Ursachen	Druckleitung oder Druckausgleichsleitung (beispielsweise durch Speisenreste in einer Spülmaschine) ist verstopft, undicht oder geknickt.
Abhilfe	Druckleitung säubern bzw. spülen.

2

Prüfen und messen

Kondensatoren

Kondensatoren bestehen im Prinzip aus zwei relativ großen und dicht aneinander liegenden, aber gegeneinander isolierten Leiterflächen. Legt man eine Gleichspannung an einen Kondensator an, sammeln sich an der mit Minus verbundenen Fläche Elektronen, und von der anderen Fläche werden sie abgezogen. Durch die Elektronendifferenz entsteht zwischen den Flächen ein elektrisches Feld, das umso größer ist, je näher sich die Flächen sind. Je größer die Kapazität eines Kondensators, desto mehr Elektronen kann seine mit Minus verbundene Fläche bei gegebener Spannung aufnehmen. Im ungeladenen Zustand (dieser Zustand stellt sich früher oder später von selbst ein) wird daher beim Anlegen einer Gleichspannung ein Strom fließen, bis sich die für die gegebene Spannung maximal mögliche Elektronendifferenz oder Ladung aufgebaut hat.

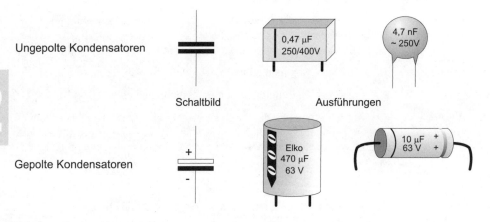

Abb. 2.7: Klassifizierung von Kondensatoren

Man unterscheidet grob zwei Bauarten von Kondensatoren: gepolte Kondensatoren, zum Beispiel Elektrolyt- (kurz Elko) oder MKP-Kondensatoren, und ungepolte Kondensatoren, zum Beispiel Folien- oder Keramikkondensatoren. Gepolte Kondensatoren haben einen deutlich gekennzeichneten Plus- und/oder Minusanschluss und dürfen nur im Zusammenhang mit Gleichspannungspotenzialen verwendet werden. Eine falsche Polung zerstört den gepolten Kondensator nach einer Weile und bringt ihn durch Gasung regelrecht zum Platzen. MKP-Kondensatoren sind gepolte Kondensatoren mit Selbstheilungseigenschaft und lassen sich daher für symmetrische (ohne überlagertes Gleichspannungspotenzial) Wechselspannungen verwenden. Sie finden insbesondere als Phasenschieberelemente für Hilfswicklungen in Asynchronmotoren Anwendung. Dauerhaftes Gleichspannungspotenzial in falscher Polung zerstört sie.

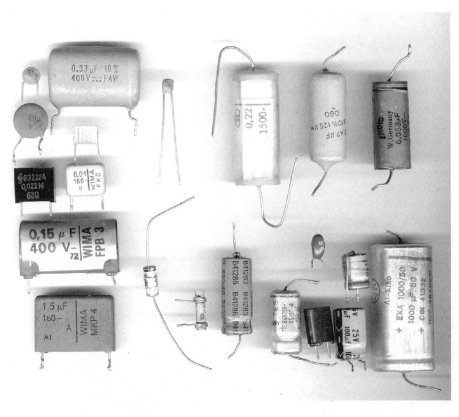

Abb. 2.8: Bauarten von Kondensatoren ... gibt es wie Sand am Meer

Ungepolte Kondensatoren dürfen dagegen mit Gleichspannungspotenzialen beliebiger Polung (sowie natürlich auch mit Wechselspannung) konfrontiert werden, haben aber oft trotzdem eine Kennzeichnung des Minuspols, die bei Gleichspannungsbetrieb zur Verbesserung der Lebensdauer und Erhöhung der Spannungsfestigkeit eingehalten werden sollte.

Elkos mit größeren Kapazitäten befinden sich in Aluminiumzylindern mit zwei Anschlüssen. Mehrfachkondensatoren haben in entsprechender Anzahl weitere Anschlüsse bei meist gemeinsamem Minuspol – ein auf das Gehäuse aufgedrucktes Schaltbild gibt Aufschluss über die Anschlussbelegung. Kleinere Kondensatoren werden meist tönnchen-, wurst- oder linsenförmig sein. Auch hier bringt die Aufschrift weitere Klarheit. Es gilt die Faustregel: Gepolte Kondensatoren haben bei gleicher Größe und Spannungsfestigkeit eine etwa um den Faktor 100 höhere Kapazität als ungepolte.

Die Abbildungen 2.7 und 2.8 zeigen die Schaltbilder und die häufigsten Ausführungen.

Kapazität und Spannungsfestigkeit

Den Ladevorgang eines Kondensators kann man mit einem Analogmultimeter im hochohmigen Widerstandsmessbereich ohne weitere Beschaltung gut „beobachten". Die Spannung kommt dabei übrigens von der Batterie des Messgeräts und muss nicht eigens angelegt werden. Sie werden sofort nach dem Anlegen der Messspitzen an die beiden Anschlusskontakte des Kondensators einen schnell ansteigenden und dann wieder zügig abfallenden Zeigerausschlag beobachten können. Wenn Sie die Messspitzen dann ohne allzu viel Zeitverlust umpolen, ist der Effekt erneut – diesmal mit etwa doppeltem Ausschlag – zu beobachten. Der Effekt ist umso stärker, je höher die Kapazität des Kondensators ist. Man bekommt mit diesem einfachen Messaufbau natürlich keine Aussage über die tatsächliche Kapazität des Kondensators – aufschlussreich kann aber eine Vergleichsmessung an einem intakten Kondensator gleicher Kapazität sein (die Spannungsfestigkeit ist dabei gleichgültig).

Die Kapazität eines Kondensators wird in Farad (F) gemessen. Da die Einheit Farad sehr groß ist, liegen die gängigen Werte im Bereich von Picofarad (pF) und Nanofarad (nF) für unpolte Kondensatoren und Mikrofarad (µF) sowie Millifarad (mF) für Elkos.

Es gilt:

$$0{,}001 \ F = 1 \ mF = 1000 \ \mu F$$
$$1 \ \mu F = 1000 \ nF = 1.000.000 \ pF$$

Wichtig ist weiterhin die maximale Spannungsbelastbarkeit eines Kondensators. Sie ist grundsätzlich durch eine Aufschrift gekennzeichnet und darf im Betrieb nicht überschritten werden (auch nicht kurzzeitig), da es sonst zum Durchschlagen der Isolierschicht kommt und der Kondensator nicht nur unbrauchbar wird sondern weiterhin einen Kurzschluss darstellt. Tabelle 2.4 gibt typische Aufschriften verschiedener Kondensatoren wieder.

Tab. 2.4: Typische Aufschriften von Kondensatoren und ihre Verwendung in Geräten

Aufschrift[*]	typischerweise verwendet als
2 mF 40 V (Elko)	Siebkondensator in Netzgeräten z.B. für Verstärker
16 µF ~350 V – 450 V	Motoranlaufkapazität, beispielsweise in Waschmaschinen- und Spülmaschinenmotoren
4 µF ~380 V – 500 V	Blindstromkompensation in Leuchtstofflampen
47 nF ~250 V	Funkenlöschkondensator für Schaltkontakte
1800 pF ~400	Funkentstörkondensator

[*] Das Symbol „~" steht für reinen Wechselstrombetrieb und „–" für reinen Gleichstrombetrieb

Parallelschaltung

Serienschaltung

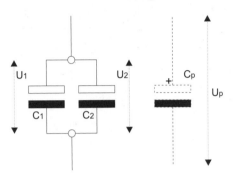

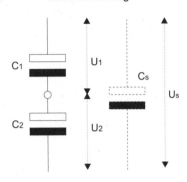

Kapazität: $C_p = C_1 + C_2$

Kapazität: $C_s = \dfrac{1}{C_1} + \dfrac{1}{C_2}$

Spannung: $U_p = U_1 = U_2$

Spannung: $\dfrac{U_1}{U_2} = \dfrac{C_2}{C_1}$ mit $U_s = U_1 + U_2$

Abb. 2.9: Ersatzschaltungen für Kondensatoren

Ersatzschaltungen: Parallel- und Serienschaltung

Wie Widerstände lassen sich auch Kondensatoren parallel bzw. seriell schalten. Man bezeichnet solche Schaltungen als *Ersatzschaltungen*, da sie durch ein einzelnes Bauteil realisierbar sind – zumindest von der Theorie her.[6] Abbildung 2.9 zeigt, welche Auswirkung die Parallel- und Serienschaltung auf die Gesamtkapazität und die Spannungserfordernisse der Einzelkondensatoren hat.

> *Als Faustregel für die Serienschaltung von Kondensatoren gleicher Kapazität können Sie sich merken:*
>
> *Bei zwei Kondensatoren halbiert sich die Kapazität, während sich die Spannungsfestigkeit verdoppelt. Bei dreien drittelt sich die Kapazität und die Spannungsfestigkeit verdreifacht sich, usw.*

Merke

Merke

Prüfen und messen

---

6   In Netzteilen findet man häufig die Parallelschaltung eines Kondensators großer Kapazität (Siebkondensator) und eines oder mehrerer Kondensatoren kleiner Kapazität (Entstörkondensatoren), um auch über größere Frequenzbereiche hinweg eine gute Impulsfestigkeit zu erzielen. Gewickelte Kondensatoren fangen bei höheren Frequenzen an, sich zunehmend wie Spulen zu verhalten und lassen steile Impulse schlicht passieren.

Bei der Parallelschaltung nimmt die Kapazität bei unveränderter Spannungsfestigkeit zu, da sich die Flächen der Platten addieren. Bei der Serienschaltung nimmt die Kapazität ab, da gewissermaßen der Abstand zwischen den Platten größer wird. Dafür nimmt die Spannungsfestigkeit zu.

Prüfen von Kondensatoren

Um einen Kondensator zu prüfen, führen Sie folgende Schritte durch:

1. Arbeiten Sie nach Möglichkeit mit einem Analogmultimeter. Digitalmultimeter lassen sich vom Prinzip her zwar auch verwenden, sie zeigen das Ergebnis aber nicht so schön.

2. Schalten Sie den empfindlichsten Bereich für die Widerstandsmessung ein.

3. Messen Sie an den Anschlüssen, ohne die Messspitzen mit den Fingern zu berühren (das würde die Messung erheblich verfälschen).

4. Das Messgerät muss einen kurzen Ausschlag zeigen und dann – je nach Kapazität – mehr oder weniger schnell auf den Wert ∞ zurückfallen, also keinerlei Durchgang mehr anzeigen. Da Kondensatoren in Geräten häufig ein Widerstand (oder gar eine Wicklung) parallel geschaltet ist (RC/LC-Glied), lässt sich ein sicheres Messergebnis nur im ausgebauten Zustand erlangen. Zeigt der Kondensator im eingebauten Zustand jedoch das gewünschte Verhalten, ist das im Allgemeinen in Ordnung.

5. Ist gar kein Ausschlag zu beobachten, ist die Kapazität entweder sehr klein (pF-Bereich) oder der Anschlussdraht hat intern keinen Kontakt.

Wenn Sie Elkos mit einem Multimeter durchmessen, werden Sie feststellen, dass der Kondensator ähnlich wie eine Diode (jedoch in geringerem Maße) in einer Richtung „durchlässig" ist. Beachten Sie dabei, dass die Messspannung bei vielen Messgeräten falsch gepolt ist (an der Minusspitze des Messgeräts liegt dann Plus und an der Plusspitze Minus der Messspannung). Durch diesen Effekt dürfen Sie sich nicht zu falschen Schlüssen verleiten lassen. Zwar wird der Kondensator durch diese „Fehlpolung" noch nicht defekt, er verhält sich aber so, als sei er defekt.

> **Beachte** *Kondensatoren älterer Bauart enthalten PCB, ein nicht abbaubares und gefährliches Umweltgift, das speziell entsorgt werden muss. Ihr örtliches Müllunternehmen nimmt sie entgegen.* **Beachte**

Ältere Kondensatoren zeigen oft in beiden Richtungen einen gerade noch messbaren Durchgangswiderstand, der natürlich die Selbstentladung beschleunigt. Man spricht in diesem Zusammenhang vom „Leckstrom". Ein zu hoher Leckstrom kommt in der Praxis einem Kapazitätsverlust gleich, und es ist ratsam, das Bauteil durch ein neues gleicher Bauart zu ersetzen, da die Gefahr eines baldigen Plattenschlusses besteht.

> *Merke* *Bei durchgeschlagenen Kondensatoren misst man in beiden Polungen Widerstände im Bereich weniger Ω.* *Merke*

Fehlerbilder von Kondensatoren

Fehlerbild	Kondensator hat äußerliche Veränderungen (Aufblähungen, Salzkruste).
mögliche Ursachen	Verpolung des Kondensators, Wechselspannungspotenzial ist aufgrund eines weiteren Defekts (etwa eines Transistors) von einem Gleichspannungspotenzial ungünstiger Polung überlagert.
Abhilfe	Austausch des Kondensators. Per Spannungsmessung vor dem Ausbau sicherstellen, dass keine Verpolung vorliegt.
Fehlerbild	Kondensator hat Plattenschluss, Messergebnis zeigt wenige Ω.
mögliche Ursachen	Überspannungen, aufgrund von Blitzeinschlag in Stromnetz oder Induktionsspitzen beim Ausschalten eines leistungsstarken Verbrauchers mit hoher Induktivität. Der erste Verdacht fällt natürlich auf das Gerät selbst, in dem der Kondensator enthalten ist, es kann aber auch ein benachbarter Verbraucher (Schweißtransformator) der Schuldige sein.
Abhilfe	Austausch – gegebenenfalls Ausführung mit höherer Spannungsfestigkeit wählen. Bei wiederholtem Ausfall, Entstörkondensatoren kleiner Kapazität parallel schalten.
Fehlerbild	Kondensator zeigt in einer oder beiden Richtungen schwachen Durchgang.
mögliche Ursachen	Bei einem Elko ist es völlig normal, wenn er in einer Richtung im Bereich von einigen kΩ schwach durchlässig ist. Schwache Durchgänge in beiden Richtungen sind dagegen auf eine Alterung des Kondensators zurückzuführen, meist aber nicht die Ursache bzw. Erklärung für einen anderen Defekt, sondern nur Vorbote für einen kommenden Defekt.
Abhilfe	Messung in vertauschter Polarität wiederholen. Bei schwachem Durchgang in beiden Richtungen Kondensator vorsorglich austauschen.
Fehlerbild	Kondensator zeigt kein auffälliges Verhalten bei Messung, Sicherung fällt aber.
mögliche	In seltenen Fällen machen sich Isolationsschäden erst bei höheren

Ursachen	Spannungen bemerkbar – dies kann dann die Ursache für eine aus ob-skuren Gründen defekt gewordene Sicherung sein. Zur weiteren Diagnose: Kondensator ausbauen und Gerät kurz ohne betreiben (Schaden ist dadurch nicht zu erwarten). Fällt die Sicherung nicht, ist der Fall klar.
Abhilfe	Austausch – gegebenenfalls Ausführung mit höherer Spannungsfestigkeit wählen. Bei wiederholtem Ausfall, Entstörkondensatoren kleiner Kapazität parallel schalten.

Elektromotoren

Elektromotoren gibt es in den verschiedensten Ausführungen. Ihre Bauart hängt zum einen von der geforderten Leistung und zum anderen natürlich stark von ihrer Verwendungsart ab.

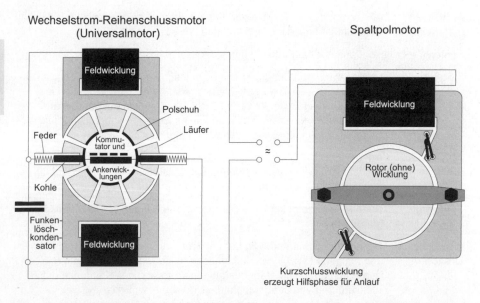

Abb. 2.10: *links* Universalmotor (hohe Drehzahl und hoher Wirkungsgrad); *rechts* Spaltpolmotor (3000 Upm und ca. 10% Wirkungsgrad)

Prüfen und messen
2

Universalmotoren

Kleinere Haushaltsmaschinen – vom Quirl über die Bohrmaschine zum Staubsauger enthalten nahezu ausschließlich sog. Universalmotoren (in der Fachsprache: Wechselstrom-Reihenschlussmotoren), bestehend aus einer statischen Feldwicklung (äußere Wicklung) und mehreren auf dem *Läufer* oder *Rotor* befindlichen Ankerwicklungen (vgl. Abbildung 2.10 links). Die Stromeinspeisung für die Ankerwicklungen erfolgt durch zwei um 180° versetzte Kohlen, die auf einen segmentweise unterteilten Schleifring, genannt *Kommutator*, drücken. Der Schleifring speist die in mehrere Teilwicklungen unterteilte Ankerwicklung, und zwar so, dass immer die Wicklung mit der besten Stellung zur Feldwicklung gespeist wird und ihr Magnetfeld aufbauen kann. Parallel zu den Kohlen liegt ein Kondensator, der die Aufgabe hat, die bei der Drehung entstehende Funkenbildung zu dämpfen. Wie bereits der Name suggeriert, sind beim Reihenschlussmotor Feld- und Ankerwicklungen in Serie geschaltet – dadurch ergibt sich unter Belastung ein höheres Drehmoment, das sich wiederum drehzahlstabilisierend auswirkt. Die Drehrichtung des Motors hängt von der Polung der Ankerwicklungen relativ zur Feldwicklung ab. Ein Vertauschen der Anschlussdrähte für die Kohlen oder für die Feldwicklung ändert somit die Drehrichtung.[7] Bei Motoren mit Rechts- und Linkslauf, beispielsweise von Bohrmaschinen, geschieht dies im Allgemeinen durch einen Kreuzschalter (vgl. [1] oder [2] im Literaturverzeichnis).

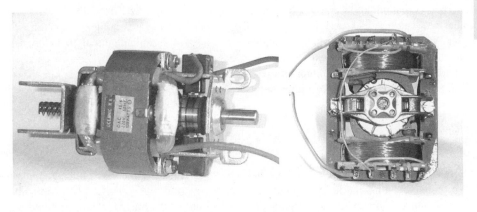

Abb. 2.11: *links* Universalmotor; *rechts* Spaltpolmotor

---

[7] Die Praxis sieht hier wieder einmal anders aus als die Theorie! Wie Sie es vielleicht von Bohrmaschinen mit Rechts- und Linkslauf her kennen werden, hat der Motor nach Umpolung des Ankers nicht mehr die gleiche Kraft bzw. Leistung. Um nach Umkehrung der Drehrichtung die volle Leistung zu erzielen, ist noch eine geringe Winkelverstellung der Kohlen gegen die Drehrichtung erforderlich.

Universalmotoren erreichen hohe Drehzahlen und ein sehr gutes Verhältnis zwischen Baugröße, Gewicht und Leistung. Dem stehen aber entscheidende Nachteile gegenüber, die sie zu regelrechten Kandidaten für Reparaturen machen. Sie sind recht laut und nicht verschleißfrei, da sich Kohlen (in der Fachsprache: Bürsten) und Kommutator bei Dauerbetrieb aber auch starker Belastung schnell abnutzen. Der Abrieb der Kohlen sammelt sich im Motor als Patina an allen Flächen und fördert nicht nur den Lagerverschleiß, sondern kann auch zu Kriechströmen bis hin zu Funkenbrücken mit der Folge von Wicklungsbränden führen. Die am Kommutator auftretende Funkenbildung stört darüber hinaus auch den Funkverkehr.

Spaltpolmotoren

Für weniger leistungsintensive Anwendungen setzen die Hersteller daher gerne die sehr zuverlässigen Spaltpolmotoren mit Kurzschlussläufer ein, die sich durch spezielle Maßnahmen auch am einphasigen Wechselstromnetz betreiben lassen. Abbildung 2.10 rechts zeigt den Aufbau eines Pumpenmotors, wie er in jeder Wasch- und Spülmaschine Verwendung findet, Abbildung 2.11 rechts zeigt eine weitere Ausführung.

Aufgrund seiner Bauart ist der Spaltpolmotor relativ unempfindlich gegen Rotorblockaden, wie sie beispielsweise im Zusammenhang mit Wäscheflusen auftreten können. Für den sicheren Anlauf besitzt er „kurzgeschlossene" Sekundärwicklungen sowie Luftspalte, die per Gegeninduktion und gestörtem Feldlinienverlauf eine Art Drehfeld erzeugen, das alles andere als perfekt ist, für den Anlauf und ein gewisses Drehmoment aber hinreicht. Der Wirkungsgrad ist entsprechend schlecht und liegt oft bei nicht einmal 10 %, die restliche Energie fällt als Verlustwärme an, so dass diese Motorart weder für den Dauerbetrieb noch für größere Leistungen in Frage kommt. Als typischer Asynchronmotor „hinkt" der Spaltpolmotor ein wenig hinter der Netzfrequenz her und erreicht so die für Asynchronmotoren ohne Kommutator typische Umdrehungszahl $60 \cdot 50 = 3000$ Umdrehungen pro Minute.

Kurzschlussläufer

Sollen Motoren mit größerer Leistung betrieben werden, benötigen sie mindestens zwei, am besten drei Phasen, die gegeneinander verschoben sind (vgl. [1] oder [2] im Literaturverzeichnis), damit sie ein symmetrisches und somit starkes magnetisches Drehfeld aufbauen können. Der Drehstromanschluss liefert dieses Drehfeld sozusagen „frei Haus". Bei drehstrombetriebenen Asychronmotoren hat man es daher mit drei (sechs oder neun) statischen Feldwicklungen zu tun, die kreisförmig um den Rotor angeordnet sind. Der Rotor trägt ebenfalls mehrere, intern „kurzgeschlossene" Wicklungen – daher der Name *Kurzschlussläufer* – mit wenigen Windungen, die durch den induzierten Strom ein gegenpoliges Magnetfeld erzeugen, welches dann den Rotor im Drehfeld mitzieht.

Auch beim Kurzschlussläufer hinkt der Rotor dem Drehfeld immer ein wenig hinterher, ein Effekt, den man als *Schlupf* bezeichnet. Je größer der Schlupf, desto höher der Leistungsverbrauch des Motors. Wird der Schlupf negativ, überholt also der Rotor das Drehfeld, arbeitet der Kurzschlussläufer als Generator und speist Energie in das Netz zurück. Abbildung 2.10 (rechts) zeigt den einfachen Aufbau und Anschluss eines Drehstrommotors mit Kurzschlussläufer in Dreieckschaltung (vgl. auch die entsprechenden Abschnitte in [1] oder [2] im Literaturverzeichnis).

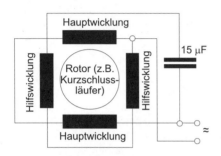

Asynchroner Einphasenmotor
mit kapazitiv erzeugter,
verschobener Hilfsphase

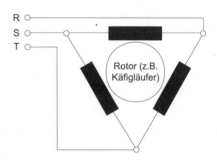

Dreiphasenmotor in Dreieckschaltung

Abb. 2.12: *links* asynchroner Zweiphasenmotor mit kapazitiv verschobener Hilfsphase für Einphasenbetrieb; *rechts* Drehstrommmotor in Dreieckschaltung

Die Hauptantriebsmotoren von Waschmaschinen und Spülmaschinen sind dagegen auf das einphasige Wechselstromnetz angewiesen. Sie erzeugen, wie Abbildung 2.12 (links) zeigt, mit Hilfe eines externen Kondensators eine um 90° verschobene Hilfsphase, die einen gesicherten Anlauf garantiert – je größer die Kapazität des Kondensators, desto höher das Drehmoment beim Anlauf. Für den Lauf selbst sollte die Kapazität hingegen nicht zu groß sein, um einen guten Wirkungsgrad zu erreichen – hier sind als Kompromisse so genannte *Anlaufschaltungen* erforderlich. Die Polung der Hilfswicklungen bestimmt die Laufrichtung; anders als beim Universalmotor sind die Drehmomente ohne weitere Maßnahmen in beiden Drehrichtungen gleich.

Ein eigenes Kapitel ist die Drehzahlregelung von Motoren. Es reicht von verschiedenen Anzapfungen und Schaltungen (seriell, parallel) der Feldspulen über Vorwiderstände, Vorschaltdioden bis hin zur elektronischen Regelung durch Phasenanschnittsteuerung (vgl. die entsprechenden Abschnitte in [1], [2] oder [3] im Literaturverzeichnis). Während die zuerst genannten Massnahmen daraufhin abzielen, den Strom durch Feld- und/oder Ankerwicklungen stufenweise zu regulieren, ermöglicht die vor allem bei Werkzeugmaschinen zu findende Phasenanschnittsteuerung eine stufenlose Regulierung vom Stillstand bis zur Maximaldrehzahl. Die Drehzahl von Kurzschlussläufern ist im Allgemeinen fest.

Sie lässt sich allein durch Wicklungsvervielfachung im ganzzahligen Verhältnis teilen und ansonsten nur durch Frequenzanpassung des Dreh- bzw. Wechselstroms steuern.

Die frequenzabhängigen Synchronmotoren werden sinnvollerweise durch elektronische Frequenzanpassung reguliert – ihr Einsatzgebiet im Haushaltsbereich liegt aber eher in der Unterhaltungselektronik (Kassettenrecorder, Plattenspieler, Videorecorder etc.).

Merke   *Eine vernünftige Geschwindigkeitsregelung von Kurzschlussläufern per Phasenanschnittsteuerung ist **nicht** möglich. Sie führt nur zu einer starken Erhitzung des Motors bei Last, weil der Schlupf sehr groß wird.*   *Merke*

Fehlerbilder von Universalmotoren

Kohlen und Ankerwicklungen sind die Sorgenkinder des Universalmotors. Feldwicklungen gehen seltener kaputt. Sie lassen sich einfach auf Durchgang testen. Einen Wicklungsschluss erkennt man meist bereits visuell an einer Dunkelfärbung des Wicklungsdrahts. Der Motor erhitzt sich dann auch bei geringer Belastung sehr stark.

Natürlich kommen auch mechanische Ursachen für die meisten der genannten Defekte in Betracht – zu starke Belastung, Blockierung, schwergängige Lager. Zur Prüfung der Motorlager kann man den mechanisch entkuppelten Rotor mit der Hand in Schwung versetzen. Wenn alles in Ordnung ist, müsste er einige Umdrehungen nachlaufen. Ein präventives Nachfetten der Lager (keine zu dünnen Öle verwenden) wird dem Motor keinesfalls schaden.

Fehlerbild	Starke Funkenbildung am Kommutator.
Mögliche Ursachen	Die „schwächsten" Elemente eines Universalmotors sind seine Kohlen. Sie können verschlissen oder gebrochen sein, oder ihre Andruckfedern können nachgelassen haben. Am Kommutator neigt der laufende Motor dann zu überstarker Funkenbildung (ein wenig ist normal). Das Fehlerbild macht sich primär natürlich durch einen unruhigen, von Brandgeräuschen begleiteten, kraftlosen Lauf bemerkbar. Beim Öffnen eines Geräts mit Universalmotor sollten Sie daher zuerst den Zustand der Kohlen begutachten.
Abhilfe	Ist eine Kohle zerbrochen oder auf eine Länge von unter 0,5 cm verschlissen, sollten beide Kohlen ausgetauscht werden. Der Ausbau geschieht meist durch vorsichtiges Aufbiegen der Halterung oder durch Lösen einer Federhalterung. Schwach gewordene Federn können Sie durch einfaches Dehnen wieder kräftigen. Das erhöht den Druck der Kohle auf den Kommutator und fördert den Kontakt, aber auch den Verschleiß. Kohlen für Universalmotoren sind im Handel in den verschie-

	densten Ausführungen erhältlich. Ist die erforderliche Länge oder Breite nicht erhältlich, kaufen Sie die Kohlen eine Nummer größer (bitte nicht kleiner) und schleifen sie dann mit einer Feile passend. Seien Sie nicht überrascht: Nach einem Austausch der Kohlen erhält das Gerät erst nach einer gewissen Betriebsdauer (einige Minuten) wieder die volle Leistung, da die Kohlen erst einlaufen müssen und die Kontaktfläche zu Beginn noch recht klein ist.
mögliche Ursachen	Eine gleichfalls noch harmlose aber nur selten zutreffende Erklärung für starke Funkenbildung ist ein losgerissener oder gebrochener Funkenlöschkondensator. Er verrichtet dann seine Aufgabe nicht mehr.
Abhilfe	Austausch. Achten Sie auf hohe Spannungsfestigkeit, der Wert ist weitgehend unkritisch.
andere Ursachen	Eine oder mehrere Ankerwicklungen weisen einen Schluss oder eine Unterbrechung auf. Ursache ist eigentlich immer eine vorangegangene zu starke Belastung mit Überhitzung des Motors (z.B. Rotorblockade).
Diagnose	Die Diagnose kann mit einem Widerstandsmessgerät geschehen. Messen sollten Sie dabei nicht an den Kohlen, sondern direkt an den jeweils gegenüber liegenden Kontaktsegmenten der Schleifringe. Denn der Übergangswiderstand einer Kohlebürste (zwei davon messen Sie) ist mit etwa $1\,\Omega$ meist höher als der der Ankerwicklung und kann einen Wicklungsschluss vertuschen. Alle Wicklungen müssen den gleichen Wert haben. Bei vermindertem Widerstand liegt ein Wicklungsschluss vor.
andere Ursachen	Der Kommutator hat starke Riefen oder weist verbrannte Zonen mit Kratern auf, das beschleunigt den Verschleiß der Kohlen.
Abhilfe	Hier hilft nur ein kompletter Austausch des Ankers. Bei teuren Motoren kann man versuchen, den Anker neu wickeln zu lassen – ein Fall für das Branchenbuch.
andere Ursachen	Das Motorlager ist fest, beispielsweise aufgrund von Korrosion der Lagerteile oder aufgrund von Austrocknung nach längerem Nichtbetrieb.
Abhilfe	Versuchen Sie, den Rotor mit einem Schuss Caramba wieder leichtgängig zu machen und fetten Sie dann die Lager.
Fehlerbild	Motor läuft nicht an, brummt aber stark, keine Funkenbildung.
mögliche Ursachen	*Bei Reihenschlussmotor:* Motorlager fest, Funkenlöschkondensator hat Plattenschluss (durchmessen). *Bei Parallelschlussmotor:* Anker- oder Feldwicklung unterbrochen, Drehrichtungsschalter hat Kontaktproblem, Kohle verschlissen.
Abhilfe	Lager gängig machen; Funkenlöschkondensator ersetzen; Drehrichtungsschalter in Stand setzen; nach Wicklungsunterbrechung suchen.

2

Prüfen und messen

Fehlerbilder sonstiger Motoren

Spaltpolmotoren (vgl. Abbildung 2.10 rechts) besitzen nur eine Wicklung. Ein Defekt bei diesem Motortyp ist in 95% aller Fälle mechanischer Natur und auf ein Lagerproblem zurückzuführen. Vor allem bei Pumpen wird die Dichtung irgendwann undicht und es kommt zu Auskalkungen an der Achse mit erhöhtem Lagerverschleiß. Selten wird die Wicklung eine Unterbrechung zeigen, eine starke Verfärbung der Wicklung durch Überhitzung kann allerdings darauf hinweisen.

Der *einphasige Asynchronmotor* mit Hilfswicklung wird bei einem Ausfall eines seiner Bestandteile schlicht nicht mehr anlaufen und stark brummen. Ist die Hilfswicklung oder der Kondensator defekt, kann der Motor durch manuelles Anschubsen in irgendeiner Drehrichtung langsam auf Touren kommen. Messen Sie einfach alle Bestandteile durch und prüfen Sie auch, ob die Lager fest sind.

Drehstrommotoren laufen auch noch sicher an, wenn eine Phase fehlt oder eine Wicklung defekt ist. Der Ausfall einer Phase bzw. Wicklung macht sich aber durch starken Leistungsabfall und starke Erwärmung, begleitet von einem „überanstrengten Brummen" bemerkbar. Wenn vorhanden, wird nach kurzer Laufzeit die Motorschutzschaltung (Bimetallschalter) aufgrund des erhöhten Stromflusses ansprechen. Sind zwei Phasen bzw. Wicklungen ausgefallen, läuft der Motor nicht mehr an (ein bereits laufender Motor läuft aber unter starkem Brummen kraftlos weiter). Prüfen Sie zuerst mit dem Phasenprüfer, ob alle drei Phasen auch am Motor ankommen, wenn ja, wird eine Wicklung defekt sein. Alle Wicklungen müssen den gleichen Widerstand – meist nur wenige Ohm – aufweisen.

3 Reparaturanleitungen

Im nun folgenden praktischen Teil finden Sie gerätespezifische Funktionsbeschreibungen und Reparaturanleitungen, die auf die Beseitigung typischer Fehlerbilder bezogen sind. In Kombination mit den eingangs erwähnten Sicherheitsvorschriften und spannungslosen Messverfahren für die verschiedenen Bauteile werden sie in den meisten Fällen eine schnelle und gefahrlose Fehlerdiagnose ermöglichen. Für die Fehlerbeseitigung noch einige allgemeine Tipps.

Tipps

➤ Arbeiten Sie ruhig, konsequent und nicht unter Zeitdruck.

➤ Prüfen Sie Ersatzteile vor dem Einbau nach den im Abschnitt 1.4 „Methodische Fehlersuche" beschriebenen Messverfahren.

➤ Fertigen Sie Zeichnungen an und sammeln Sie alle ausgebauten Teile (Schrauben, Unterlegscheiben, Federn, Plastikteile etc.) in einem Gefäß, das erspart nervenaufreibende Suche und gibt Ihnen einen Überblick darüber, was Sie noch nicht wieder eingebaut haben.

➤ Zerlegen Sie nicht voreilig komplizierte Mechaniken. Selbst der Wiederzusammenbau eines einfachen Schalters kann schnell zum Geduldsspiel ausarten.

3.1 Richtig Löten

Nicht alle elektrischen Verbindungen in einem Gerät sind gesteckt. So werden Sie sicher des Öfteren zum Lötkolben greifen müssen. Die Kunst des Lötens ist gar nicht so schwer, wenn Sie einige Grundregeln dabei beachten:

➤ Löten Sie grundsätzlich nur am ausgesteckten, stromlosen Gerät.

➤ Verwenden Sie nur Elektroniklot. Es ist bereits mit Flussmittel versetzt und fließt sparsam und gut, da es recht dünn ist. Das Flussmittel befreit das Metall während des Lötens von Oxiden und Korrosionen und ist Voraussetzung für eine gute (elektrische) Verbindung.

➤ Löten Sie nur mit gut vorgeheiztem Lötkolben. Die Lötspitze sollte verzinnt sein und ist erforderlichenfalls vor dem Aufheizen mit einer Feile oder Sandpapier mechanisch zu reinigen.

➤ Der Lötvorgang selbst sollte 1 bis 3 Sekunden dauern, damit umliegende Plastikteile, Isolierungen und die Bauteile selbst – das gilt vor allem für elektronische Bauteile wie Dioden und Transistoren aber auch Kondensatoren – nicht zerstört werden. Bei dickeren Metallen wird es etwas länger dauern, bis sie auf die Schmelztemperatur des Lötzinns aufgeheizt sind. Lötkolben kleinerer Leistung sind zwar handlicher im Umgang, resignieren aber, wenn das zu lötende Metall aufgrund seiner Dicke die Wärme zu schnell abführt.

➤ Verzinnen Sie zunächst einzeln alle zu verlötenden Anschlüsse mit neuem Lot. Dazu erhitzen Sie sie ca. 0,5 bis 1 Sekunden mit der verzinnten Stelle des Lötkolbens und geben dann etwas Lötzinn hinzu. Es sollte gut und schnell fließen. Falls die Anschlüsse oxidiert sind, reinigen Sie sie zuvor mechanisch mit einer kleinen Feile oder etwas Schmirgelpapier. Auch bei älteren Lötstellen tut eine Reinigung und etwas zusätzliches Lötzinn (vor allem das darin enthaltene Flussmittel) Not.

➤ Halten Sie nun alle vorverzinnten Anschlüsse aneinander und erhitzen Sie sie gleichzeitig unter dosierter Zugabe weiteren Lötzinns.

➤ Bewegen Sie die Lötstelle erst, wenn das Lötzinn erstarrt ist (ca. 2 bis 5 Sekunden, bei dünnen Drähten oft länger).

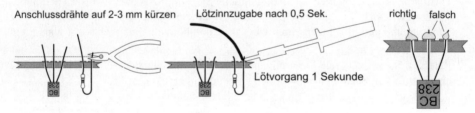

Abb. 3.1: Richtig löten

Lötbar ist eigentlich alles, was metallisch ist – außer Aluminium; am besten geht es mit Kupfer, Messing oder Legierungen daraus, solange die Leistung des Lötkolbens groß genug ist, um die zu lötenden Komponenten auch erhitzen zu können. Allerdings ist die mechanische und thermische Beanspruchbarkeit von weichgelöteten Verbindungen nicht sehr groß. Es macht also insbesondere wenig Sinn, gebrochene Federn oder Kontaktzungen per Lötkolben zu reparieren – die Lötstelle hält sicher nicht lange. Auch das Verlöten von Heizdrähten oder Leistungswiderständen ist nur bedingt möglich, da der Schmelzpunkt des Lötzinns vergleichsweise niedrig liegt. Sie müssen dann dafür Sorge tragen (zum Beispiel durch lange Anschlussdrähte oder übergesteckte Kupferhülsen), dass die Wärme während des Betriebs gut abgestrahlt wird, bevor sie an die Lötstelle gelangt – ständig heiße Lötstellen oxidieren stark und werden schnell zu „kalten Lötstellen". Heizdrähte lassen sich an den Anschlüssen ausschließlich per Hartlötung verbinden. Bei Stellen, die bis zur Rotglut gehen, ist man aber auch mit dem Hartlöten am Ende.

Fehlerbilder durch „kalte Lötstellen"

„Kalte Lötstellen" sind fein gerissene oder nicht in das Material geflossene Lötstellen, die an der Rissstelle korrodiert sind und damit einen hohen Übergangswiderstand aufweisen. Erkennbar durch eine matte, manchmal fast kristalline Lichtreflexion oder durch einen kreisrunden Riss im Lötbett der Verbindung sind sie Ursache der meisten Defekte in älteren Geräten. Aufgrund der stark verbesserten Herstellungstechnik und Qualitätskontrollen bei neueren Geräten findet man kalte Lötstellen hier meist nur noch an neuralgischen Punkten. Dennoch sollte Ihr Auge jede Lötstelle bei guter und direkter Beleuchtung kritisch mustern, ob sie in Ordnung ist. Eine Lupe tut hier gute Dienste. Besonders gefährdet sind Lötstellen an Widerständen oder heiß werdenden Bauelementen, an mechanisch schwingenden oder sonstwie beanspruchten Bauteilen wie Spulen, Schaltern und Buchsen. Wann immer Ihnen eine Lötstelle nicht ganz koscher erscheint, messen Sie sie zuerst nach, und frischen Sie sie dann unter Zugabe von etwas neuem Lötzinn auf. Die Messung sollte nicht unterbleiben, denn Sie wollen ja wissen, ob Sie die Ursache des Ausfalls gefunden haben.

3.2 Fehlerursachen in Kleingeräten

Die Vielfalt der handelsüblichen und -unüblichen Kleingeräte mit 230 Volt-Anschluss ist unüberschaubar. Funktional gesehen unterscheiden sie sich hauptsächlich durch die Mechanik. Die elektrisch „interessanten" (also für eine elektrische Störung potenziell verantwortlichen) Bauteile sind im Wesentlichen Zuleitungen mit Schaltern, Universalmotoren, Heizwicklungen und Thermostaten. Neuere Geräte werden vielleicht zusätzlich über eine elektronische Leistungsregelung (meist in Kombination mit dem Schalter) verfügen.

Moderne transportable Kleingeräte arbeiten mit Akkus, die in einer Station nachgeladen werden, oder mit separaten Netzgeräten. In diesem Fall haben wir es eigentlich mit zwei Geräten zu tun: Stromversorgung oder Ladegerät mit 230 Volt-Anschluss (vgl. die entsprechenden Abschnitte in [1] oder [3] im Literaturverzeichnis) und Niedervoltgerät.

Meine eigene Fehlerstatistik zeigt die in Tabelle 3.1 jeweils mit abnehmender Wahrscheinlichkeit aufgelisteten Ursachen.

Tab. 3.1: Fehlerkategorien und deren häufigste Ursachen

Fehlerkategorie	Häufigste Ursachen
Mechanische Defekte	Brüche an Plastikteilen; Verschmutzungen, Verstopfungen und Verkrustungen in Leitungen, Schläuchen oder Luftwegen; Federbruch; Lagerschaden (etwa wegen langen Nichtbetriebs oder Korrosion nach Wasserkontakt).

Reparaturanleitungen

3

Unterbrochene Stromzuführung	Wackelkontakte an Steckern, Schaltern; defekte Gerätesicherung nach Überlastung; Kabelbruch in der Zuleitung; schlechte Kontakte; Unterbrechungen der Verdrahtung oder kalte Lötstellen im Gerät (oft als Wackelkontakt bemerkbar).
Defekte Schalter; Thermostate	Kontaktbrand (nach Kurzschluss); Federbruch; Schaltknöpfe gebrochen oder überdreht.
Defekte Motoren	Rotor blockiert oder Lager schwergängig; Kohlen abgenutzt; Ankerwicklung teilweise durchgebrannt (beispielsweise nach dauerhafter Überlastung oder Blockade); Kondensator defekt; Feldwicklung durchgebrannt (selten).
Heizdrähte defekt	Verkalkung oder Oxidation nach unbeabsichtigtem Dauerbetrieb.

3.3 Küchenmaschinen

Die in diesem Abschnitt gegebenen exemplarischen Reparaturanleitungen können Sie nahezu Eins-zu-Eins auch auf nicht besprochene Geräte übertragen.

Quirl (Krups 390)

Das Öffnen des Quirls geschieht durch Lösen der Gehäuseschrauben (oben) und der Motorbefestigungsschrauben mit Plastikkopf auf der gegenüberliegenden Seite. Drehen Sie das Gerät wie in Abbildung 3.2 dargestellt und heben Sie die oben liegende Gehäusehälfte ab. Oben links sehen Sie den Schalter mit seinen verschiedenen Stellungen (Aus, I, II, III). Da alle Kontakte offenliegen, lässt sich ein eventuell vorliegender Kontaktbrand oder zungenbruch gut erkennen. Verbrannte Kontakte reinigen Sie. Drehen Sie nun den Motor mit der Hand. Ist er schwergängig, liegt ein mechanischer Fehler (meist Getriebe oder Lager) zugrunde, oder es ist schlicht etwas Fett (kein Öl) nötig. Überprüfen Sie dann den Universalmotor (vgl. Seite 57), speziell den Zustand seiner Kohlen. Bei defekter Auswurfmechanik überprüfen Sie die Wirksamkeit des Auswurfmechanismus.

Fehlerbilder eines Quirls oder Elektromessers

Fehlerbild	Keine Funktion.
mögliche Ursachen	Zuleitungskabel ist gebrochen; Aderbruch im Gerät.
Abhilfe	Kabel kürzen, besser austauschen, Ader austauschen bzw. löten.

Mögliche Ursachen	Schalter mechanisch defekt, Schaltfunktion durch Zungenbruch nicht mehr gewährleistet.
Abhilfe	Nach Möglichkeit in Stand setzen. Zunge hartlöten, Kontakte reinigen.
mögliche Ursachen	Ankerwicklung (meist) oder Feldwicklung (seltener) defekt. Dieser Verdacht liegt nahe, wenn die Wicklung verfärbt ist oder Brandstellen hat.
Abhilfe	Reparatur lohnt meist nicht.
Fehlerbild	Verminderte oder gar keine Leistung.
mögliche Ursachen	Kontakte des Schalters sind oxidiert, Kohlen des Universalmotors sind aufgebraucht oder Kondensator durchgeschlagen (Kommutator feuert oder Motor brummt nur noch).
Abhilfe	Kontakte säubern, Kohlen austauschen.
mögliche Ursachen	Ankerwicklung oder Feldwicklung hat Wicklungsschluss.
Abhilfe	Reparatur lohnt meist nicht.
Fehlerbild	Geschwindigkeitsstufe ausgefallen
mögliche Ursachen	Schalter mechanisch defekt oder Ader gebrochen.
Abhilfe	Reinigen, Nachlöten.
Fehlerbild	Auswurf defekt.
mögliche Ursachen	Feder, Arretierung oder Auswurfhebel gebrochen.
Abhilfe	Ersatzteil auftreiben, evtl. improvisieren, Reparatur lohnt oft nicht.

Reparaturanleitungen

3

67

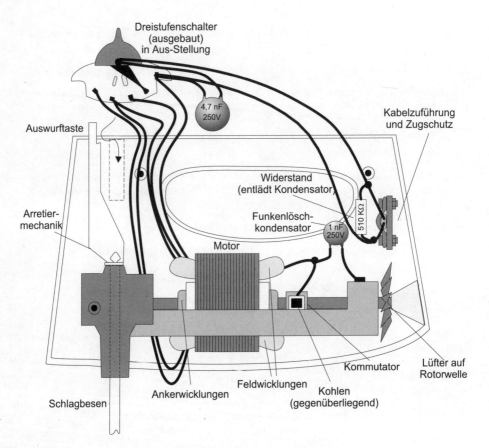

Abb. 3.2: Schemazeichnung eines Handquirls Krups 390

Elektromesser (Moulinex)

Das Elektromesser ist vom Prinzip her nicht viel anders aufgebaut als der Quirl. Das Getriebe sieht etwas anders aus, da es die Messer in eine lineare Bewegung umsetzen muss; der Schalter ist als einfacher Taster ausgelegt. Abbildung 3.3 zeigt den übersichtlichen Aufbau. Um an den Taster zu kommen, muss das gesamte Innenleben des Messers herausgehoben werden.

Die Fehlerbilder decken sich mit denen des im vorigen Abschnitt besprochenen Quirls (vgl. dort).

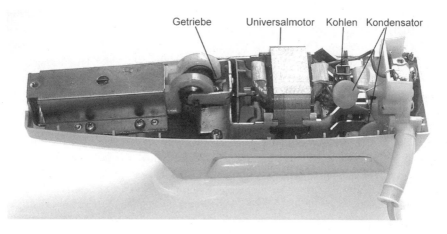

Abb. 3.3: Elektromesser geöffnet

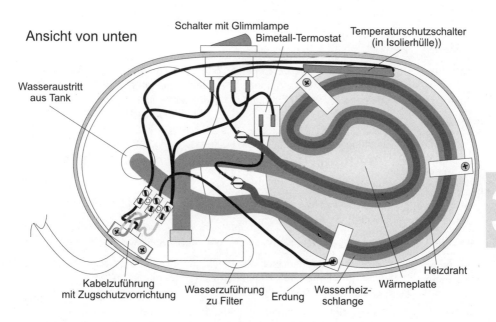

Abbildung 3.4: Schemazeichnung einer Kaffeemaschine der Marke Siemens

Klassische Kaffeemaschinen

Kaffeemaschinen bestehen aus Zuleitung, Schalter mit Glimmlampe, Thermostat, (evtl. Übertemperaturschutz) und Heizschlange. Alle Elemente lassen sich mit einem Durchgangsprüfer auf Funktion testen. Der Aufheizvorgang des Wassers läuft wie folgt ab: Ein Teil des Wassers gelangt schwerkraftbedingt in die Heizschlange. Dort erhitzt es sich bis zum Siedepunkt. Da ein Rückschlagventil (oder ein druckdichter Tank) den Rückfluss in den Tank verhindert, drückt der entstehende Dampfdruck das Wasser in das zum Filter führende Rohr. Neues Wasser aus dem Tank fließt nach usw., bis der Tank leer ist. Ein Thermostat verhindert eine Überhitzung des Heizstabs – speziell, wenn der Tank leer ist und nur noch die Warmhalteplatte beheizt werden muss. Edlere Geräte besitzen zur weiteren Sicherheit noch einen kleinen Übertemperaturschutzschalter, der in Serie mit dem Heizstromkreis geschaltet ist.

Fehlerbilder einer klassischen Kaffeemaschine

Fehlerbild	Kaffee läuft zu langsam durch.
mögliche Ursachen	Verkalkung der Wasserwege.
Abhilfe	Entkalken mit Essig, Zitronensaft oder speziellem Entkalker (Weinsteinsäure, andere Säuren) danach mehrmals mit klarem (besser: destilliertem Wasser (wie für Dampfbügeleisen) nachspülen.
Fehlerbild	Keine Funktion.
mögliche Ursachen	Zuleitung oder Schalter defekt (Glimmlampe leuchtet nicht).
Abhilfe	Austausch oder Reparatur.
mögliche Ursachen	Thermostat defekt (meist nach unbeabsichtigtem Dauerbetrieb mit Austrocknen der Kanne).
Abhilfe	Sofern zugänglich, Kontakte reinigen, sonst austauschen.
mögliche Ursachen	Übertemperaturschutzschalter defekt (meist nach unbeabsichtigtem Dauerbetrieb mit Austrocknen der Kanne), weil Thermostat verklebte Kontakte hat und nicht mehr abschaltet.
Abhilfe	Sofern möglich nachlöten, ansonsten austauschen. Meist ist zusätzlich der Thermostat defekt, falls nicht, kann bei alten Geräten der Schutzschalter notfalls überbrückt werden – besser ist natürlich der Austausch.
mögliche Ursachen	Heizstab unterbrochen (für die Diagnose ausschließen, dass Thermostat oder Übertemperaturschutzschalter defekt sind).

3

Abhilfe	Reparatur lohnt meist nicht, da Ausbau schwierig.
Fehlerbild	Gerät riecht „elektrisch" und „schmort" oder FI-Schalter spricht häufig an.
mögliche Ursachen	Wasserführung undicht.
Abhilfe	Messing- oder Kupferrohr lässt sich per Lötkolben abdichten (keine Kleber verwenden), Dichtung erneuern, Kriechstromstelle suchen und neu isolieren, betroffene Schaltdrähte am besten austauschen, da meist stark korrodiert.

Energiespartipps

Kaffeemaschinen verprassen sehr viel unsinnige Energie, wenn sie nicht mit einer Thermoskanne bestückt sind, da sie ständig nachheizen, um die Kanne auf Temperatur zu halten.

Füllen Sie den neu aufgegossenen Kaffee sofort, nachdem er durchgelaufen ist, in eine Thermoskanne um. So bleibt er länger frisch und schmeckt auch nach einiger Zeit nicht verbrannt.

Als „Nebeneffekt" verlängern Sie die Lebensdauer der Kaffeemaschine erheblich, da die Schaltspiele des Thermostaten und die Temperaturbelastung des Heizelements stark reduziert werden.

Investieren Sie bei Nachkauf in ein Modell mit Thermoskanne.

Kaffeemaschine mit Zentrifuge (Picco)

Eine besondere Kaffeemaschine ist die Espressomaschine der Marke Picco, die seit einigen Jahren unter Anderem bei Tschibo verkauft und wegen ihrer hervorragenden Aromaeigenschaften von vielen Espressotrinkern hoch geschätzt wird.

Die Filterung passiert nach dem Prinzip der Zentrifuge. Ein Universalmotor versetzt nach beendetem Aufheizvorgang den leicht konischen Filtereinsatz mit dem Kaffepulver in schnelle Drehung, der dann das Wasser von unten her ansaugt, durch den Kaffee presst und oben seitlich wieder herausspritzt. Rundherum aufgefangen gelangt der gefilterte Kaffee in zwei Auslassrohre.

Leider landet diese Maschine nach kurzer Betriebsdauer oft im Keller oder als Dumpingangebot auf dem Flohmarkt, da viele nicht wissen, dass Tschibo den Filtereinsatz für 2,5 € auf Lager hält. Darüber hinaus ist aber auch der Universalmotor ein echter Schwachpunkt, der die Lebensdauer auf etwa 1000 Aufgüsse beschränkt.

> *Die Maschine kann nur eine begrenzte Menge an Wasser aufnehmen (ca. 1,5 kleine Tassen), der Rest läuft „über" – teilweise sogar in die Maschine. Auch muss das Kaffeepulver gleichmäßig im Filtereinsatz verteilt werden, damit es keine Unwuchten gibt.*

> *Für den „Standard-Tod" dieser Maschinen sind aber irreparable Unterbrechungen in den Ankerwicklungen des Universalmotors verantwortlich. Er kündigt sich durch einen unruhigen, kraftlosen Lauf mit Startschwierigkeiten an.*

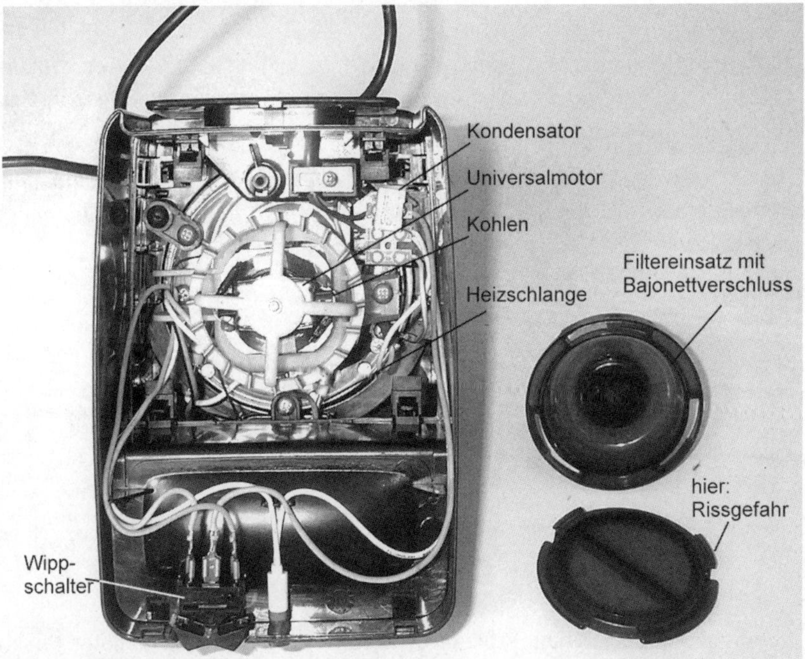

Abb. 3.5: *links* Untenansicht einer geöffneten Piccomaschine; *rechts* zweiteiliger Filtereinsatz – Bajonettverschluss (speziell am Deckel) ist anfällig für Risse

Sie öffnen das Gerät, indem Sie die Schrauben im Boden der Maschine entfernen. Die weitere Demontage geschieht durch Lösen der Plastikarretierungen (vgl. Abbildung 3.5).

Fehlerbilder einer Picco-Kaffeemaschine

Fehlerbild	Kaffee läuft zu langsam durch.
Mögliche Ursachen	Kaffeepulver ist zu fein gemalen.
Abhilfe	Gröber gemahlenen Kaffee kaufen.
mögliche Ursachen	Kupplung (Gummischlauch) zwischen Motor und Zentrifugenwelle rutscht.
Abhilfe	Gummischlauch beidseitig mit Sekundenkleber ankleben, Kupplung ist dann nach wie vor steckbar.
mögliche Ursachen	Teile der Ankerwicklung durchgebrannt oder Kohlen verschlissen, Motor ist dann kraftlos und erreicht keine Drehzahl mehr.
Abhilfe	Kohlen lassen sich leicht austauschen, eine weitergehende Reparatur lohnt meist nicht (billige Ersatzmaschinen gibt es an jedem Flohmarkt, haben häufig aber denselben Defekt).
Fehlerbild	Motor dreht nicht.
mögliche Ursachen	Deckel nicht richtig geschlossen, Schalter bzw. Deckelschalter defekt, Ankerwicklung defekt, wenn der Motor an Verdrehen des Filters anläuft.
Abhilfe	Schalter lassen sich in Stand setzen, Ankerwicklung nicht.
Fehlerbild	Keine Heizfunktion.
mögliche Ursachen	Zuleitung oder Schalter defekt (Glimmlampe leuchtet dann nicht), Thermostat defekt, Heizteller defekt.
Abhilfe	Austausch (Ersatz gibt es auf jedem Flohmarkt).

Elektrischer Heißwasserkessel

Heißwasserkessel sind recht einfache Geräte. Sie bestehen aus einer Heizschlange, einer Zuleitung (oft mit Heißgeräte-Netzsstecker) und einem Schalter, der im Allgemeinen mechanisch direkt mit dem Thermostaten gekoppelt ist und ein dauerhaftes Ausschalten nach Erreichen des Siedepunkts gewährleistet. Aufgrund des Wasserkontakts und des meist metallischen Gehäuses ist vor dem Betrieb für eine funktionierende Schutzerdung zu sorgen.

Achtung

Brandgefahr!

Heißwasserkessel, die nicht abschalten, verdampfen das gesamte Wasser und zerstören sich dann unter erheblicher Brandgefahr selbst. Sie sollten nicht unbeaufsichtigt benutzt und nach Manipulationen am Thermostaten nur dann weiter betrieben werden, wenn sie auch ohne Wasser sicher abschalten!

Achtung

Fehlerbilder eines Heißwasserkessels

Fehlerbild	Gerät heizt nicht.
Mögliche Ursachen	Thermostat, Schalter, Zuleitung defekt oder Kontakte unterbrochen.
Abhilfe	Durchmessen und ggf. austauschen bzw. Kontakte reinigen.
Mögliche Ursachen	Heizschlange defekt.
Abhilfe	Reparatur lohnt nicht.
Fehlerbild	Gerät schaltet zu früh oder überhaupt nicht ab.
mögliche Ursachen	Thermostat hat Defekt oder verschobenen Schaltpunkt.
Abhilfe	Manche Thermostaten besitzen eine Einstellschraube zur Justierung des Schaltpunktes – andernfalls Austausch. Vorsicht aber: Gerät muss nach Justierung sicher abschalten, auch ohne Wasser!
Fehlerbild	Gerät elektrisiert bei Berührung.
mögliche Ursachen	Kriechstrom durch Feuchtigkeit und Schutzerdung nicht vorhanden oder defekt; evtl. hat das Heizelement einen Isolationsschaden.
Abhilfe	Gerät trocknen und Funktionsfähigkeit des Schutzleiters unbedingt wieder herstellen, elektrischen Anschluss sowie Zuleitung überprüfen (vgl. [1] oder [2] im Literaturverzeichnis).

Reparaturanleitungen

3

Bügeleisen

Bügeleisen – vor allem Dampfbügeleisen – unterscheiden sich aus der Sicht der Elektrik nicht sehr von den im vorigen Abschnitt besprochenen Heißwasserkesseln. Speziell ist aber der einstellbare Bimetall-Thermostat, der die Temperatur der Bügelsohle nach einer kurzen Aufheizzeit durch Ein- und Ausschalten des Heizstroms (Strompausen-Steuerung, vgl. auch Abbildung 3.34) konstant hält. Die Temperaturvorgabe geschieht durch einen Temperaturregelknopf, der die Federkraft des Bimetallkontakts (und damit den Schaltpunkt) verändert. Eine zum Heizelement parallel geschaltete Glimmlampe zeigt an, ob das Heizelement Spannung hat (normalerweise also heizt), dadurch lässt sich feststellen, ob die voreingestellte Temperatur erreicht wurde. Alle anderen Funktionen und Bedienelemente sind mechanischer Natur und ermöglichen die Dampf- oder Wasserabgabe an das Bügelgut.

> **Merke Merke** **Das richtige Kabel muss her!** **Merke Merke**
>
> *Eine eher häufig durchzuführende Servicearbeit am Bügeleisen ist der Austausch des Anschlusskabels, da es durch die Eigenhitze des Geräts besonders gefährdet ist. Wichtig ist, dass Sie dafür das richtige Kabel kaufen: Verlangen Sie nach einer dreiadrigen, stoffummantelten Gummischlauchleitung. Verwenden Sie zu Ihrem eigenen Schutz kein übliches Kabel für flexiblen Anschluss, da dessen PVC-Isolierung bei Hitze schmilzt und das blanke Kupfer freigibt.*

Bei den meisten Bügeleisenmodellen lässt sich für diese schnell erledigte Arbeit die „Heckklappe" durch Lösen einer Schraube öffnen. Die Anschlussklemmen sind dann leicht zugänglich. Machen Sie sich eine Anschlussskizze, entfernen Sie das alte Kabel und führen Sie das neue mit übergestülptem Knickschutz in die Zugschutzvorrichtung ein. Nach Befestigung des Zugschutzes können Sie den Anschluss vornehmen (vgl. sinngemäß Abbildung 3.7).

Der Zugang zum Thermostaten erfordert das Lösen weiterer Schrauben, die meist durch den Temperaturregler getarnt sind. Der Knopf lässt sich einfach abziehen oder wird durch eine Klemmschraube gehalten.

Reparaturanleitungen

3

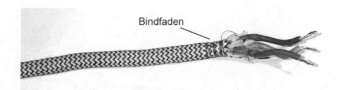

Abb. 3.6: Das Stoffkabel wird mit Bindfaden umbunden, damit es nicht ausfranst

Reparaturanleitungen

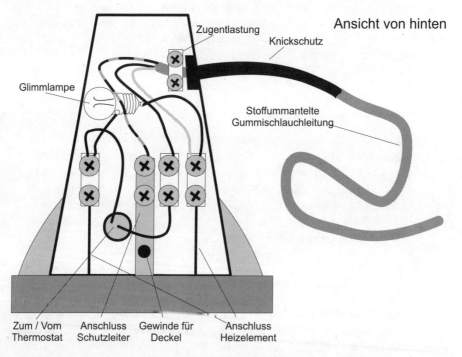

Abb. 3.7: Schemazeichnung eines Bügeleisens von hinten (Anschlussseite)

Fehlerbilder eines Bügeleisens

Fehlerbild	Glimmlampe leuchtet, Eisen bleibt kalt.
mögliche Ursachen	Zuleitung zu Heizelement unterbrochen oder Heizelement defekt.
Abhilfe	Unterbrechung lässt sich beseitigen (Ersatzadern müssen gummiisoliert sein), eine Reparatur des Heizelements lohnt meist nicht.
Fehlerbild	Temperatur lässt sich nicht regeln.

mögliche Ursachen	Regelknopf nicht richtig aufgesetzt oder mechanischer Defekt im Thermostaten.
Abhilfe	Mechanik des Thermostaten überprüfen und in Stand setzen.
Fehlerbild	Kein Dampf.
mögliche Ursachen	Verkalkung oder Verschmutzung des Dampfwegs.
Abhilfe	Entkalker versuchen bei höchster Heizleistung, dazu gegebenenfalls Dampfweg mechanisch öffnen, beispielsweise mit Pfeifenreiniger oder Draht.
Fehlerbild	Glimmlampe leuchtet nicht, Gerät heizt aber und funktioniert.
mögliche Ursachen	Glimmlampe defekt.
Abhilfe	Austausch der Glimmlampe. Mit diesem Fehler kann man auch leben.

Rasierapparate, Ladyshave

Rasierapparate sind technisch recht „einfache" Geräte mit Schalter und Motor. In vielen Modellen besteht der Motor nur aus einem offenen Stator mit zwei Wicklungen und einem federnd gelagerten Schwinganker, dessen Eigenfrequenz bei ca. 50 Hz liegt und der im Rhythmus der Netzfrequenz angestoßen wird. Die für den 230 Volt-Betrieb in Serie geschalteten Wicklungen lassen sich für den 110-Volt-Betrieb über einfache Drehkontakte parallel schalten. Eine Demontage lohnt sich auf alle Fälle, denn die Fehlersuche wird in 95% der Fälle eine Verunreinigung des Einschalters, Drehschalters, (Schwing-)Ankers, der Steckkontakte oder eine Kontaktunterbrechung aufgrund von eingedrungenem Haarstaub und Vibrationen zu Tage fördern. Von einem Wicklungsdefekt ist nur bei erfolgtem 230-Volt-Betrieb in 110-Volt-Stellung auszugehen. Der Wiederzusammenbau der Mechanik nach dem Säubern kann allerdings einiges an Gefühl und Geduld erfordern.

Abb. 3.8: Herrenrasierer mit Schwinganker

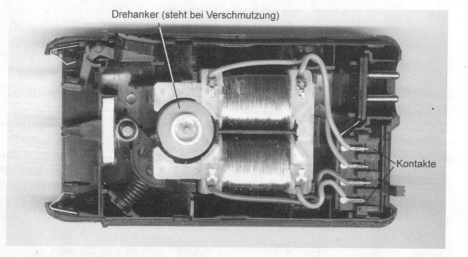

Abb. 3.9: Ladyshave mit Rotationsanker

Bei hartnäckigen Kontaktschwächen des Schalters empfehle ich als Radikalkur eine Überbrückung des Schalters per Lötkolben. Das Ein- und Ausschalten erfolgt danach direkt per Stecker – für Rasierapparate eine gangbare Lösung.

Staubsauger

Der Staubsauger ist die Hauptwaffe eines Haushalts gegen Verschmutzungen,[8] Staub, Fusseln und Werkstoffreste aller Art. Das Prinzip ist einfach. Ein hochtouriger Universalmotor (ca. 20.000 Umdrehungen pro Minute) treibt ein Flügelrad mit 8 bis 10 Flügeln an, das einen kräftigen Sog am Saugaufsatz erzeugt. Je nach Modell sitzt der luft- aber nicht staubdurchlässige Staubbeutel im Luftweg vor (Bodenstaubsauger) oder hinter (Handstaubsauger) dem Flügelrad. Im letzteren Fall muss das Sauggut das Flügelrad passieren, was sich bei größeren Objekten durch unangenehme Aufprallgeräusche an den Flügeln bemerkbar macht. Bei Handstaubsaugern sind zur Steigerung der Saugleistung Klopfbürsten-Saugvorsätze mit eigenem Bürstenmotor üblich, die sich durch wenige Handgriffe gegen einen anderen Saugaufsatz austauschen lassen. Bei reinen Klopfsaugern ist die Klopfbürste dagegen integraler Bestandteil der Saugapparatur und wird direkt über die Achse des Gebläsemotors angetrieben (vgl. Abbildung 3.10).

Bodenstaubsauger mit starkem Gebläse (um 1000 bis 2000 Watt) ermöglichen meist eine Regulierung der Saugleistung per Stufenschalter oder per Phasenanschnittsteuerung (vgl. [1], [2] oder [3] im Literaturverzeichnis) und darüber hinaus noch eine bequeme Regulierung des Saugsogs durch einen Schieber für die Zuführung von Fremdluft. Dieses doppelte Regulierungssystem führt dazu, dass der Staubsauger immer auf voller Leistung betrieben wird und die Drosselung nur per Luftschieber erfolgt – eine energetische Katastrophe.

Die größte Gefahr für den Staubsauger ist die Überschätzung seiner Saugleistung in Bezug auf die Partikelgröße und Haar- bzw. Fadenlänge, Nachlässigkeit beim Austausch des Filterbeutels, der Reinigung der sonstigen Filter und Luftwege sowie der sträflich leichtsinnige Betrieb ganz ohne Filterbeutel. Die meisten Fehlerbilder lassen sich daher auf „unsachgemäßen" Gebrauch und nicht erkannte Verstopfungen oder Blockaden zurückführen. Große, harte Saugobjekte, wie Metall- oder Holzteile zerklüften das Flügelrad, wenn es im Saugweg angebracht ist. „Gestutzte" Flügel sind dann aber nicht das Hauptproblem, sondern die dadurch bedingte Unwucht des Rotors. Sie schadet den Motorlagern und erzeugt schädliche Vibrationen, die das Fehlerbild zunehmend verschlimmern.

---

[8] Manche Menschen zählen hierzu auch Spinnen und Ungeziefer aller Art – und leben mit der Ungewißheit ihres „Come-Back" aus dem Saugrohr. Hierzu noch eine unschöne Geschichte, die schon fast an amerikanische Actionfilme erinnert, nichts desto weniger jedoch im richtigen Leben passiert: Der Versuch, ein Saugbeutel gefangenem Ungeziefer per Insektenspray ins Saugrohr der laufenden Maschine noch eins „hinterher zu verpassen", kann **tödlich**, zumindest aber mit einer gehörigen Staubwolke und gegebenenfalls dem „Verlust" der geschätzten Wunderwaffe, enden. Insektenspray ist im Allgemeinen leicht entzündlich und explodiert aufgrund der Funkenbildung am Kommutator des Staubsaugermotors.

Besonders anfällig für Verstopfungen sind Sauger mit Klopfbürsten-Saugvorsatz. Sie bedürfen einer routinemäßigen Säuberung und „Enthaarung". Zu diesem Zweck lösen Sie (z.B. mit einem Geldstück) am Saugfuß zwei bis drei Schrauben und öffnen das Bürstengehäuse. Nachdem Sie den gröberen Schmutz entfernt haben, nehmen Sie sich noch eine Minute Zeit, um den Zustand des Antriebsgummis zu begutachten. Ist er porös oder weist er Verbrennungen auf, sollten Sie vorsorglich Ersatz beschaffen (der Einbau ist problemlos). Weiterhin untersuchen Sie, ob die Lager der Bürste nicht durch aufgespulte Haare oder Fäden schwergängig geworden sind, denn das führt zu einem vorzeitigen Verschleiß des Antriebsgummis und zu den erwähnten Verbrennungen.

Energiespartipps

„Moderne" Bodenstaubsauger haben erhebliche Nennleistungen, die oft einer Waschmaschine nicht viel nachstehen. Eine Stunde Saugen pro Tag (und das ist in vielen Haushalten eher die Regel als die Ausnahme) verschlingt etwa so viel Energie wie die Waschmaschine in einem Vier-Personenhaushalt. Das ist eindeutig zu viel.

1. Verwenden Sie die elektronische Leistungsregelung. Drosseln Sie die Saugleistung nur in dringenden Fällen mit dem Luftschieber.

2. Beseitigen Sie Verstopfungen im Saugschlauch sofort. Reparieren oder ersetzen Sie auch den Saugschlauch bei Undichtigkeiten oder Brüchen sofort – nicht erst, wenn er auseinanderfällt.

3. Reinigen Sie Filter und Beutel des Staubsaugers vor jedem Saugen. Bereits ein Klaps auf den Filterbeutel verbessert die Saugleistung. Feine Staubschichten beeinträchtigen die Saugleistung.

4. Saugen Sie nur noch halb so lang. Bedenken Sie, dass 90% des Saugguts in 20% der Zeit eingesaugt werden. Selbst mit der halben Zeit kommen Sie noch auf 99% Saugergebnis

5. Saugen Sie nur noch halb so oft. Staubsaugen ist ungesund, das ist seit langem bekannt. Es wirbelt alle möglichen Keime, Pilze und Mikroorganismen in die Luft, die Sie dann einatmen müssen. Lüften Sie also nach dem Saugen gut.

6. Beachten Sie die unten stehenden Einkaufstipps für den nächsten Staubsaugerkauf.

Wichtigstes Indiz für eine nicht ordnungsgemäße Funktion des Staubsaugers ist ein verändertes Sauggeräusch. Normalerweise wird es zusammen mit einer verminderten Saugleistung auf Verstopfungen im Saugweg oder auf einen vollen Saugbeutel bzw. einen verstopften Filter hinweisen – einige Modelle besitzen für diesen Fall eine auf Unterdruck reagierende Anzeige. Schrille Geräusche sind dagegen ein Indiz für einen Lagerschaden des Motors oder abgenutzte Kohlen. Hörbar, aber weniger auffällig ist auch ein Ausfall des Bürstenmotors (wenn vorhanden). Das Motorgeräusch klingt dann irgendwie reiner. Meist hat sich nur der externe Stecker des Aufsatzes aus seiner Steckdose herausvibriert.

Wenn ein Totalausfall vorliegt oder eine Reinigung des Saugwegs das Fehlerbild nicht beseitigen konnte, hilft nur noch der Griff zum Schraubenzieher weiter. Das Öffnen des Gebläsemotorgehäuses erfordert in vielen Fällen einiges an Intelligenz und Gefühl. Da gibt es Schnapp-Arretierungen aus Plastik, die schnell brechen, und Schrauben, die sich unter Blenden oder Gummi verstecken. Manchmal fällt einem der Motor sofort entgegen, manchmal ist auch eine totale Demontage des Klopfbürsten-Saugvorsatzes erforderlich. Beim Zusammenbau achten Sie darauf, dass eventuell vorhandene Schaumgummi-Einsätze für die Geräuschdämmung nicht den Lauf des Motors beeinflussen und dass die Staubwege wieder dicht verschlossen sind.

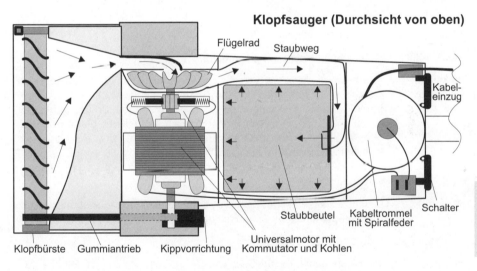

Klopfsauger (Durchsicht von oben)

Flügelrad Staubweg Kabeleinzug Schalter Staubbeutel Kabeltrommel mit Spiralfeder Universalmotor mit Kommutator und Kohlen Klopfbürste Gummiantrieb Kippvorrichtung

Abb. 3.10: Schemazeichnung eines Klopfsaugers der Marke Siemens Universal 63

Elektrisch gesehen sind Staubsauger simple Maschinen. Sie bestehen aus einer flexiblen Zuleitung, einem Schalter (auch Stufenschalter oder Regelelektronik), einem Gebläsemotor und – zuweilen – aus einem zusätzlichem Bürstenmotor, der über eine Steckvorrichtung gekoppelt ist. Geräte mit automatischer Kabeleinzugsvorrichtung verfügen weiterhin über eine Kabeltrommel mit Spiralfeder und Schleifkontakten.

Fehlerbilder eines Staubsaugers

Fehlerbild	Keine Funktion.
mögliche Ursachen	Kabel hat Aderbruch. Ein Aderbruch lässt sich visuell und taktil erkennen. Meist macht sich ein Aderbruch zunächst als Wackelkontakt bemerkbar, der nur bei bestimmten Kabelkrümmungen auftritt, jedoch bald immer lästiger wird.
Abhilfe	Anschlusskabel kürzen bzw. wenn es zu kurz wird, austauschen.
mögliche Ursachen	Unterbrechung in der Stromzuführung (z.B. Schleifkontakt in der Kabeltrommel gebrochen) oder Schalter defekt. Diagnose lässt sich mit dem Messgerät durchführen.
Abhilfe	Kontakt nachbiegen, Schalter nach Möglichkeit in Stand setzen. Ersatz ist meist schwierig aufzutreiben.
mögliche Ursachen	Motorwicklung durchgebrannt.
Abhilfe	Reparatur lohnt meist nicht.
Fehlerbild	Unruhiger Lauf des Gebläsemotors, Wackelkontakt.
mögliche Ursachen	Aderbruch in Zuleitung (vgl. oben); loser Steckkontakt; Kohlen abgenutzt oder Teile der Ankerwicklungen durchgebrannt. Diagnose lässt sich gut per Widerstandsmessung erstellen. Dazu: erst Aderbruch ausschließen durch Kneten des Anschlusskabels am eingeschalteten Gerät während der Messung, dann nach Öffnen des Geräts, Anker langsam drehen und Kohlen in Augenschein nehmen. Wenn in Ordnung, Lüfterrad langsam drehen und Messgerät beobachten. Gibt es Aussetzer bei einem bestimmten Winkel?
Abhilfe	Losen Steckkontakt per Zange so biegen, dass er wieder stramm sitzt; Kohlen austauschen. Austausch des Motors lohnt meist nicht.
Fehlerbild	Saugergebnis unbefriedigend.
mögliche Ursachen	Verstopfung im Saugschlauch oder Saugkanal des Geräts, Filterbeutel voll, oder nach Einsaugen feuchten bzw. nassen Saugguts nur noch schlecht luftdurchlässig; Mikrofilter oder Grobfilter verstopft.
Abhilfe	Reinigen, gegebenenfalls Filterbeutel austauschen.
mögliche Ursachen	Bei Klopfsauger: Bürstenmotor ist ausgefallen oder Steckkontakt ist nicht in Ordnung; Antriebsgummi für Bürste verschlissen.
Abhilfe	Funktion des Bürstenmotors sicherstellen; Antriebsgummi lässt sich meist mit ein paar Handgriffen auswechseln.

Fehlerbild	Ungewöhnliche Nebengeräusche.
mögliche Ursachen	Objekt im Gebläse verfangen (Haare, Fäden um Achse gewickelt).
Abhilfe	Gebläse reinigen, dazu gegebenenfalls öffnen.
mögliche Ursachen	Motorlager defekt.
Abhilfe	Mit Nachfetten probieren, falls das Fehlerbild nach einiger Zeit wieder auftaucht, sich nach einem anderem Gerät umsehen (Energiespartipp beachten).

Tipp

Einkaufs- und Energiespartipps

Falls sich eine Reparatur für Ihr gutes Stück nicht mehr lohnt, sollten Sie beim Einkauf auf Folgendes achten:

Achten Sie beim Einkauf auf eine vernünftige Luftleistung bei möglichst geringer Nennleistung. Hier schneiden Handstaubsauger mit Gebläse im Saugweg im Allgemeinen wesentlich besser ab als monströse Bodenstaubsauger mit Mehrfachfiltersystem. Auch die inzwischen überall erhältlichen Bodenstaubsauger mit Zyklonfilter kommen auf hohe Wirkungsgrade, da sie ohne Filtertüten betrieben werden.

Als Allergiker sollten Sie Ihren Teppichbestand in der Wohnung generell reduzieren. Teppich und Staubsaugerbeutel bieten einen idealen Nährboden für Milben und Schimmelpilze, der Staubsauger pustet das Gemisch in die Raumluft. Hier sind Staubsauger mit Wasserfiltern sinnvoll, wenngleich etwas teurer in der Anschaffung.

Handbohrmaschinen

Handbohrmaschinen gibt es mit Motorleistungen zwischen 300 und 1500 Watt. Die meisten Modelle sind heutzutage mit wahlweisem Rechts- und Linkslauf ausgerüstet, der entweder per Getriebe oder durch Umpolung des Universalmotors realisiert ist. Als Schalter haben sich inzwischen stufenlose Drehzahlregler durchgesetzt (vgl. [1], [2] oder [3] im

Literaturverzeichnis). Abbildung 3.12 zeigt das Innenleben der klassischen Handbohrmaschine in Seitenansicht.

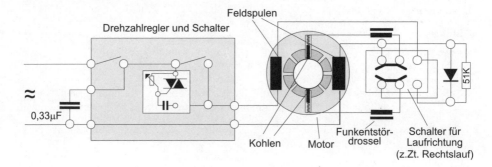

Abb. 3.11: Schaltplan einer Bohrmaschine (Black&Decker BD154R 570 Watt)

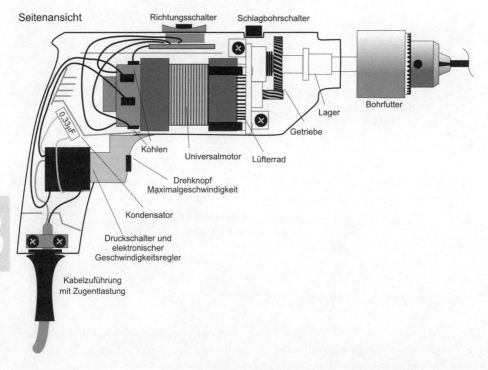

Abb. 3.12: Komponenten einer Bohrmaschine (Black&Decker BD154R 570 Watt)

Aus elektrischer Sicht besteht die Bohrmaschine aus Zuleitung, (stufenlosem) Schalter, Universalmotor und evtl. einem Rechts-/Linkslaufschalter. Abbildung 3.11 zeigt den Schaltplan einer Maschine des Typs „Black&Decker". Die stufenlose Drehzahlregelung beruht auf dem Prinzip der Phasenanschnittsteuerung. Der dafür benötigte Kondensator ist außerhalb des kompakten Reglers angebracht, der Regler selbst ist eine Blackbox. Für die Umschaltung zwischen Rechts- und Linkslauf ist ein Kreuzschalter vorgesehen, der im Wesentlichen die Polung der Ankerwicklung vertauscht. Die Charakteristik des Universalmotors bedingt es, dass die Maschine beim Linkslauf weniger Drehmoment und Leistung hat (vgl. „Universalmotor", Seite 57). Diode und Widerstand sind schaltungstechnische Maßnahmen, um den Linkslauf zusätzlich zu drosseln.

> **Beachte** *Namhafte Herstellerfirmen geben oft eine Garantie von mehreren Jahren auf ihre Geräte. Defekte fallen daher oft noch in die Garantiezeit.* **Beachte**

Fehlerbilder einer Bohrmaschine

Fehlerbild	Keine Funktion.
mögliche Ursachen	Zuleitungskabel defekt; Aderbruch; Anschlusskontakte.
Abhilfe	Zuleitungskabel austauschen; Kontakte prüfen, gegebenenfalls wieder befestigen.
mögliche Ursachen	Feldwicklung des Motors defekt.
Abhilfe	Motoraustausch Reparatur lohnt meist nicht.
mögliche Ursachen	Schalter oder Regler defekt. *Diagnose eines defekten Reglers*: unter Beachtung des Schaltplans in Abbildung 3.11 Regler überbrücken. Bohrmaschine dann per Stecker ein- und ausschalten. Läuft sie, ist der Regler defekt.
Abhilfe	Kontakte prüfen, gegebenenfalls austauschen. Wenn Schaltfunktion und Regler getrennt sind, können Sie den Regler auch dauerhaft überbrücken, um die Maschine ohne Regler weiter zu betreiben.
Fehlerbild	Motor brummt stark, läuft aber nicht an.
mögliche Ursachen	Funkenlöschkondensatoren durchgeschlagen.

Abhilfe	Austausch.
mögliche Ursachen	Lager/Getriebe blockiert.
Abhilfe	Blockade beseitigen.
mögliche Ursachen	Ankerwicklungen haben Wicklungsschluss.
Abhilfe	Austausch des Ankers ist bei Markengeräten möglich, lohnt aber oft nicht.
Fehlerbild	Gerät läuft in manchen Stellungen nicht an und/oder feuert stark am Kommutator.
mögliche Ursachen	Kohlen abgenutzt; Kondensator defekt (gebrochen?).
Abhilfe	Austausch.
mögliche Ursachen	Eine oder mehrere Ankerwicklungen defekt; Kommutator verschlissen.
Abhilfe	Austausch des Ankers ist bei Markengeräten möglich, lohnt aber oft nicht.
mögliche Ursachen	Lager oder Getriebe schadhaft.
Abhilfe	Oft fehlt nur Fett; Austausch von Lager möglich, Austausch von Getriebe meist nicht rentabel.
Fehlerbild	Drehzahlregelung funktioniert nicht.
mögliche Ursachen	Regler oder Kondensator des Reglers defekt.
Abhilfe	Austausch.
Fehlerbild	Nur Rechts- bzw. nur Linkslauf möglich.
mögliche Ursachen	Umschalter defekt.
Abhilfe	Instandsetzen ist meist möglich: Schalter vorsichtig öffnen, Kontakte reinigen und Kontaktfedern gegebenenfalls nachbiegen; falls Kontaktfeder gebrochen, Austausch.
Fehlerbild	Kein Schlagbohren möglich.
mögliche	Schlagbohrmechanik defekt; Arretierung gebrochen.

Ursachen	
Abhilfe	Mechanik überprüfen, evtl. fetten.
Fehlerbild	Sicherung ist gefallen.
mögliche Ursachen	Meist Kabelbruch mit Kurzschluss in Zuleitung oder Verdrahtung.
Abhilfe	Durchmessen und austauschen.

Werkzeugmaschinen

Der größte Teil der in Haushalt und Hobby-Werkstatt verwendeten Werkzeugmaschinen sind mit Universalmotoren ausgerüstet (Ausnahmen bilden Schleifböcke, Tischkreissägen, Standbohrmaschinen oder Drehbänke). Obwohl diese Maschinen äußerlich recht verschieden sein können und je nach Bestimmung mechanische Besonderheiten aufweisen, entspricht das elektrische Innenleben dem der Handbohrmaschine oder einer Vereinfachung davon – etwa nur Rechtslauf oder keine Drehzahlregelung. Die Bestandteile – Zuleitung, Schalter, Entstörkondensator, Universalmotor – lassen sich einfach mit dem Messgerät überprüfen, wie im Abschnitt „Universalmotor" (Seite 57) erläutert – auch die Fehlerbilder finden Sie dort ausführlich beschrieben.

3.4 Großgeräte

Großgeräte bedürfen im Gegensatz zu Kleingeräten der routinemäßigen Wartung – Reinigung von Sieben und Filtern, Nachfüllen von Betriebsstoffen, Säubern von Türdichtungen und Innenräumen. Eine Beschreibung dieser an sich problemlosen Wartungsvorgänge entnehmen Sie der Betriebsanleitung. Generell lässt sich sagen, dass die Mehrzahl der Ausfälle auf eine unzureichende Routinewartung zurückzuführen sind und die Lebensdauer eines regelmäßig gewarteten Geräts deutlich höher liegt.

Gleichzeitig lassen sich viele Defekte durch einfaches „Reinigen", beispielsweise der Zu- und Abflusswege des Wassers, beheben und es lohnt, Gummidichtungen und Schläuche ab und an auf Porösität zu überprüfen und gegebenenfalls auszutauschen.

Reparaturanleitungen

3

Spülmaschinen

Die lange Zeit wegen ihres Energie- und Wasserverbrauchs verteufelten Spülmaschinen gehören heute zur selbstverständlichen Ausstattung einer jeden Küche – selbst zu der eines Single-Haushalts –, wo sie je nach Geschirraufkommen, zwischen einmal am Tag und einmal die Woche ihren Dienst verrichten. Obwohl moderne Maschinen speziell auf einen geringen Wasserverbrauch (ca. 20 Liter je Hauptspülgang) und moderaten Energieverbrauch (ca. 1,6 kW je Hauptspülgang) getrimmt sind, also auf Werte, die manuelles Spülen nicht mehr „rentabel" machen, überzeugt eine Spülmaschine letztlich dadurch, dass sie das gesamte dreckige Geschirr klaglos schluckt, und die Küche gut sauber zu halten ist, auch wenn noch nicht gespült ist.[9]

Spülprogramme

Die meisten Modelle stellen drei Spülprogramme zur Verfügung:

➤ *Vorspülen* – im Allgemeinen zur Grobreinigung und Geruchsbeseitigung bei längeren Spülabständen verwendet

➤ Hauptspülen von stark verschmutztem Geschirr – nach Kochorgien und Festessen verwendet

➤ *Hauptspülen von leicht verschmutztem Geschirr* – Spülprogramm für tägliches Geschirr, wie Kaffetassen, Frühstücksteller etc.

Hinzu kommt bei vielen Maschinen die Möglichkeit, die beiden Hauptspülgänge per *Economy-Taste* etwas zu „entschärfen" – das heißt, die Spültemperatur von 60°C auf 50°C und damit zugleich den Stromverbrauch um ca. 15% (bei manchen Maschinen auch noch den Wasserverbrauch) zu senken.

Die Auswahl des Spülprogramms sowie der Start der Maschine passiert über einen als Drehschalter oder Tastenaggregat ausgeführten Programmwahlschalter, meist in Kombination mit einer eigenen Eco- und/oder Temperaturvorwahl-Taste 50/60°C. Die Bedie-

---

[9] Meine Lebensgefährtin träumt seit Jahren davon, ihre Küche sogar mit zwei Spülmaschinen zu bestücken. Die eine enthält das saubere Geschirr vom letzten Spülgang, die andere das schmutzige für den nächsten Spülgang. Der Energie-, Wasser- und Betriebsstoffverbrauch ist exakt derselbe, auch der Verschleiß. Der funktionale Gewinn ist dagegen enorm: Man spart Schränke (die nicht weniger kosten als Spülmaschinen, aber wesentlich schlechter genutzt werden), das Geschirr ist kompakt an einem gut zugänglichen Ort versammelt, muss nach dem Spülen nicht eingeräumt werden und wenn mal Party ist, dann ist die Reserve Gold wert. Auch sollte man nicht vergessen, dass zwei gleiche Maschinen den wechselseitigen Teileaustausch ermöglichen, um Diagnosen bei Defekten zu erhärten.

nung der neueren, mikroprozessorgesteuerten Maschinen erfolgt per Tipptaster oder Folientastatur.[10] Die einzelnen Reinigungsphasen der Hauptspülgänge sind:

➤ kaltes Vorspülen ohne Reinigung (nur bei Programm für stark verschmutztes Geschirr)

➤ heißes Hauptspülen unter Zusatz von Reinigungsmittel (50 oder 60°C)

➤ kaltes Zwischenspülen mit klarem Wasser

➤ Klarspülen unter Zugabe von Klarspülmittel

➤ abschließendes Trocknen.

Funktionsablauf

Der Reinigungsvorgang lebt von einer Umwälzpumpe, die das Spülwasser mit hohem Druck in zwei drehbare Sprüharme mit mehreren Düsenöffnungen drückt. Die Rotation der Sprüharme ergibt sich automatisch nach dem Rückstoßprinzip, da einige Düsenöffnungen seitlich angebracht sind.

Für die automatische Spülmittelzugabe befindet sich in der Tür ein kleiner Behälter mit Deckel, der sich – meist über eine mit dem Programmschaltwerk gekoppelte Mechanik oder per Elektromagnet – während des Spülgangs öffnet. Ebenfalls in der Tür ist ein ca. alle 30 Spülgänge nachzufüllender Behälter für das Klarspülmittel untergebracht. Die Dosierung des Klarspülmittels hängt mit der örtlichen Wasserhärte zusammen und lässt sich einstellen: je härter das Wasser, desto höher wird dosiert – meist wird aber eine mittlere Einstellung ausreichen.

> **Merke**
> *Damit das Spülwasser eine gleichmäßige Verteilung in der Maschine erfährt, sollten Sie die Düsen der leicht auszubauenden Sprüharme regelmäßig reinigen. Das Fehlerbild „ungenügend gespültes Geschirr" hat daher seine Ursache häufig in verstopften Düsen; insbesondere Obstkerne verfangen sich gerne in Rückstoßdüsen.*
> **Merke**

Kalkablagerungen am Geschirr, aber auch in der Maschine (Heizstab) werden wirksam durch eine mit ca. 2 kg Salz gefüllte Wasserenthärtungsanlage verhindert. Wasserflecken bzw. Kalkflecken am gespülten Geschirr verweisen damit auf einen leeren Klarspülmittelbehälter bzw. Salzbehälter oder einen zu niedrig gewählten Härtegrad. Wenn gespülte Gläser beim Anfassen „quietschen", ist dagegen der Härtegrad zu hoch eingestellt, oder die Dosierung des Klarspülers sonstwie zu hoch.

---

[10] Geräte mit Fernbedienung sind noch nicht auf dem Markt (wozu auch, das Geschirr will eingeräumt sein), es bleibt aber zu erwarten, dass Sie sich bald per Internet über den Fortschritt des guten Stücks informieren werden können.

Reparaturanleitungen

3

Merke   Merke   Merke

Merke   Merke   Merke

Pflege der Maschine

Den Salzvorrat der Maschine sollten Sie peinlich kontrollieren (grüner Schwimmer muss oben sein) und immer gut gefüllt halten. Das beugt einer Verkalkung des Heizstabs und Infarkten im Wasserkreislauf der Maschine vor.

Spendieren Sie Ihrer Maschine in regelmäßigen Abständen (alle halbes Jahr) eine Entkalkungstablette. Das sorgt für ein gleichmäßig gutes Spülergebnis und verlängert die Lebensdauer der Maschine.

Reinigen Sie das Sieb der Maschine in regelmäßigen Abständen mit einer weichen Bürste unter laufendem Wasser. Hier verfangen sich gerne Lebensmittelreste und insbesondere Papierfasern abgelöster Etiketten.

Aufstellen und Anschluss

Der Anschluss einer Spülmaschine geschieht von drei Seiten aus: Stromzufuhr, Wasserzufluss und Wasserabfluss.

Für den *elektrischen Anschluss* ist es empfehlenswert, einen eigenen, mit 16 A abgesicherten Stromkreis vorzusehen. Manche Geräte kommen auch mit einem 10 A-Anschluss aus, was aber, wenn das Nachfolgermodell das nicht tut? Die Geräte sind mit handelsüblichen Schukosteckern versehen, die den Anschluss an jeder Steckdose mit Schutzkontakt erlauben. Vor der ersten Inbetriebnahme der Maschine müssen Sie das Vorhandensein und die Funktionstüchtigkeit des Schutzleiters sicherstellen (vgl. [1] oder [2] im Literaturverzeichnis).

Der *Wasserzulauf* darf nur über spezielle Druckschläuche erfolgen. Ein Druckschlauch besitzt an beiden Enden eine Überwurfmutter mit Innengewinde und sitzt zwischen dem Magnetventil der Maschine und dem Wasserhahn (Dichtungen!). Die über die Wasserinstallation oft weit hörbaren Schaltvorgänge der Magnetventile lassen sich durch ein zwischengeschraubtes Rückschlagventil mit Rückflussverhinderung wirksam unterbinden. Empfehlenswert ist zudem ein zwischengeschraubtes Platzschutzventil, das auf ein Platzen des Druckschlauchs bzw. hohes Durchflussaufkommen anspricht und die weitere Wasserabgabe wirksam unterbindet. Dennoch sollte der Absperrhahn nur während des Spülvorgangs offen sein – mit Wasserschäden ist nämlich nicht zu spaßen – speziell in Mietshäusern.

Reparaturanleitungen

3

Tipp *Tipp* *Tipp* *Tipp* *Tipp*

Energiespartipps

1. Spülmaschinen eignen sich prinzipiell auch für den Anschluss an die Warmwasserleitung (Betriebsanleitung konsultieren oder gegebenenfalls Hersteller anschreiben). Es gibt aber auch Energiesparmodelle, die einen Kalt- und einen Warmwasseranschluss aufweisen. Die Versorgung aus dem Brauchwassernetz reduziert den Energiebedarf für den Hauptspülgang um etwa 50% (von etwa 1,6 kW auf 0,6 kW) – vorausgesetzt, die Brauchwassererwärmung findet konventionell statt, nicht elektrisch, per Nachtspeicherboiler oder ähnlich. Natürlich muss die Wasserinstallation dahingehend geändert werden.

Wenn Sie diesem Tipp folgen, gewöhnen Sie sich an, vor dem Spülgang den Heißwasserhahn im Spülbecken aufzudrehen, bis heißes Wasser kommt.

2. Spülmaschinen neigen dazu, Gläser, Tassen, Teller und Besteck nach einmaliger Benutzung zu „schlucken" und verleiten so zu hohem Spülaufkommen – gerade bei Mehrpersonenhaushalten. Schaffen Sie einen Platz für benutztes aber wiederverwendbares Geschirr und ordnen Sie jeder Person ihr Glas, ihre Tasse und vielleicht auch ihren Teller zu. Wenn Sie nun auch noch größere Schlüsseln und Töpfe schnell mit der Hand spülen, reduziert das den Spülaufwand (und damit den Energiebedarf) effektiv auf etwa die Hälfte.

Tipp *Tipp* *Tipp* *Tipp* *Tipp*

Bessere Geräte sind mit einem elektronischen *Aquastop* ausgestattet und machen zusätzliche Sicherheitseinrichtungen bzw. -maßnahmen überflüssig. Bei Maschinen mit Aquastop-Vorrichtung sitzt das Magnetventil direkt am Wandanschluss, und eine Schutzhülle mit Wassersensor um das Schlauchpaket für den Zu- und Ablauf sorgt dafür, dass die Maschine bei Wasseraustritt ihre Aktivitäten einstellt.

Der *Wasserablauf* erfolgt über einen handelsüblichen Ablauf- oder Laugenschlauch, der per Schlauchklemme an den Wasserablauf eines Waschbeckens angeschlossen wird. Die Siphoneinheit besitzt für diesen Zweck meist einen oder zwei Anschlüsse – wenn nicht, muss sie gegen eine solche ausgewechselt werden. Bevor Sie den Schlauch fest anklemmen, müssen Sie unbedingt die evtl. noch vorhandene Verschlussscheibe im Anschluss entfernen. Hierzu lösen Sie kurz die Überwurfmutter, nehmen die Scheibe heraus und verschrauben das Teil wieder (Dichtung nicht vergessen).

Beim Aufstellen des Geräts ist zu beachten, dass es gleichmäßigen Bodenkontakt hat und einigermaßen waagrecht steht. Alle Geräte besitzen für die Austarierung höhenverstellba-

Reparaturanleitungen

3

re Füßchen, die durch eine Kontermutter fixierbar sind. Stellen Sie sicher, dass Sie beim Einbau weder Schläuche noch Kabel knicken oder beschädigen.

Programmablauf

Als Programmeinheiten für ältere Spülmaschinen finden komplexe Schaltaggregate mit synchronmotorgetriebenem Schaltwerk Verwendung, die 20 und mehr Schaltzustände kennen. Die Abfolge der Zustände ist zum einen durch das Schaltwerk zeitgesteuert, zum anderen ist der Motor des Schaltwerks selbst aber wieder über Füllstandsschalter und Thermostate gesteuert. Aus diesem Zusammenspiel heraus ergibt sich der in mehreren Etappen ablaufende Spülvorgang.

Bei moderneren Geräten wird das Schaltaggregat mit seinen vielen Kontakten und seiner komplizierten Mechanik zunehmend ganz oder teilweise durch elektronische „Kästchen" ersetzt. Die Steuerung erfolgt dann per Mikrocontroller, oder, wenn es der Hersteller besonders gut gemeint hat, per Mikroprozessor. Die Elektronik arbeitet zwar weitgehend verschleißfrei, von Relaiskontakten einmal abgesehen, die Störanfälligkeit elektronischer Spülknechte ist aber meist größer. Unmöglich ist auch das manuelle Weiterstellen des Programms zum Test einzelner Komponenten.

Vorspülen

1. Kurzes Abpumpen evtl. noch stehenden Wassers (ca. 30 Sekunden, zeitgesteuert)
2. Wasserzulauf über Magnetventil (ca. 1 Minute, füllstandgesteuert)
3. Wasserumwälzung mit Kaltspülen (ca. 5 Minuten)
4. Abpumpen (ca. 1 Minute)
5. Stopp.

Hauptspülen

Startpunkt: Großer Hauptspülgang
1. Kurzes Abpumpen evtl. noch stehenden Wassers (ca. 30 Sekunden, zeitgesteuert)
2. Wasserzulauf über Magnetventil (ca. 1 Minute, füllstandgesteuert)
3. Wasserumwälzung, evtl. mit geringer Erwärmung (ca. 7 Minuten, zeitgesteuert)
4. Abpumpen (ca. 1 Minute, zeitgesteuert).

Startpunkt: Kleiner Hauptspülgang
5. Zulauf enthärteten Wassers (ca. 1 Minute, füllstandgesteuert)
6. Reinigungsmittelzugabe und Wasserumwälzung bei gleichzeitiger Aufheizung auf bis zu 65°C (ca. 30 Minuten, zeit- und thermostatgesteuert)
7. Abpumpen (ca. 1 Minute, zeitgesteuert)

8. Ein- oder mehrmaliges Spülen mit Frischwasser – zwischendurch Abpumpen (ca. 10 Minuten, zeitgesteuert)

9. Zulauf enthärteten Wassers, Zugabe von Klarspülmittel und Wasserumwälzung mit Aufheizen (ca. 80°C und 10 Minuten, zeit- und thermostatgesteuert)

10. Abpumpen (ca. 2 Minuten, zeitgesteuert)

11. Trocknen durch Aufheizen der Luft. Wasser von Geschirr verdampft, kondensiert an kühlerer Wand und läuft seitlich ab (ca. 5 Minuten, zeitgesteuert)

12. Stopp.

Diagnostik

Wenn Sie den Programmablauf kennen, werden Sie in vielen Fällen direkt durch Beobachtung auf die eine oder andere Fehlerquelle schließen können. Achten Sie auf folgende Eindrücke: Wassereinlauf, Abpumpen (typisches Pumpgeräusch, das auch gleich nach dem Einschalten zu hören ist und Wasserablaufgeräusch aus Abfluss des Spülbeckens), Klacken (Spülmittelzugabe), Umwälzen, Ticken des Programmschaltwerks (kann während des Heizvorgangs aufhören), Wärme. Abbildung 3.13 zeigt den kausalen Zusammenhang der einzelnen Komponenten. Die gestrichelte Linie deutet an, dass je nach Programmphase ein Zusammenhang zwischen Wasseraufheizung und nachfolgendem Abpumpen bestehen kann, aber nicht muss. Die Steuerung vieler, vor allem älterer Geräte sieht beispielsweise vor, dass der Spülvorgang ohne Zeitsteuerung arbeitet, bis die Solltemperatur des Spülwassers erreicht ist. Erst dann läuft die reguläre Zeitsteuerung weiter. Auf diese Weise kann es bei defektem Heizstab zu endlosen Spülvorgängen kommen.

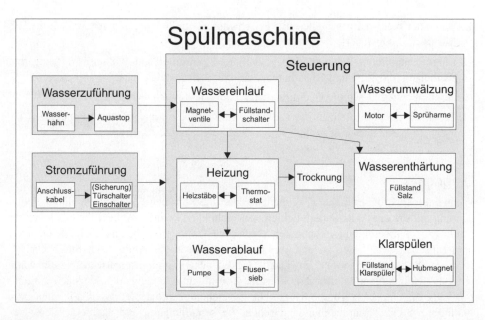

Abb. 3.13: Darstellung der Abhängigkeitsverhältnisse der einzelnen Funktionen für eine (Standard-)Spülmaschine. Verschachtelung steht für kausalhierarchische Abhängigkeit, Pfeile für quer liegende Kausalzusammenhänge.

Öffnen des Geräts

Für die genauere Fehleranalyse müssen Sie das Gerät zugänglich (evtl. herausziehen) und völlig stromlos machen.[11] Einige Bauteile können auch nach Abnahme der Frontverblendung unterhalb der Tür begutachtet werden, beispielsweise die Pumpe für den Wasserablauf (vgl. Abbildung 3.14 oben rechts). Meist wird aber ein Kippen des Geräts unumgänglich sein. Kippen Sie es nicht weiter als 45° (sonst Wasseraustritt), und achten Sie auf guten mechanischen Halt, bevor Sie darunterkriechen. Eine Abnahme des Deckels wird bei den meisten Geräten nur den Türschalter zum Vorschein bringen – er kann übrigens leicht durch vorsichtiges Verbiegen der Befestigung „nachjustiert" werden und ist eine häufige Fehlerquelle, wenn „gar nichts mehr geht".

Programmschaltwerk und Klarspülerdosiermechanismus sitzen üblicherweise in der Tür der Maschine. Bei der nicht gerade einfachen Demontage achten Sie darauf, dass Sie Gestänge und Hebelmechaniken heil lassen und sich deren Zusammenwirken merken – oft sind zusätzlich Programmwahlknöpfe und Tasten abzuziehen (auf Verschraubung achten).

---

[11] Der Betrieb des offenen Geräts ist nur unter Einhaltung der eingangs erwähnten Sicherheitsmaßnahmen zulässig! Die erste Diagnose sollte auf jeden Fall am stromlosen Gerät erfolgen.

Reparaturanleitungen

3

Abb. 3.14: Pumpe, Festtemperaturthermostaten und Druckschalter für Spülmaschinen

Abb. 3.15: Heizstab in einer Spülmaschine

Austausch: Heizstab (Abbildungen 3.15, 3.20)

Neupreis	Unter 40 €
Zeitaufwand	Unter 30 Minuten
Ersatzteil	*Neu*: Möglichst Original verwenden (Leistung, Form und Dichtung müssen übereinstimmen) *Gebraucht*: Kann sich rentieren, wenn äußerlich keine Schäden (Krater, Verkalkung, Risse) zu erkennen sind.
Anmerkung	Meist nur bei starker Verkalkung defekt, nicht mit scharfen Gegenständen reinigen oder biegen.

Sie haben durch Messung oder Sichtkontrolle einen Defekt des Heizstabs festgestellt. Der Austausch ist problemlos:

1. Kippen Sie die Maschine und lokalisieren Sie den Heizstab von unten.

2. Ziehen Sie die beiden Steckkontakte der Stromzuführung ab und lösen Sie den gelbgrünen Schutzleiter.

3. Öffnen Sie die Befestigungsmutter der Quetschvorrichtung für die Dichtung und lösen Sie gegebenenfalls vorhandene zusätzliche Klammerbefestigungen des Heizstabs im Innenraum der Maschine.

4. Der Heizstab müsste sich nun nach innen hin herausnehmen lassen.

Für den Einbau gehen Sie in der umgekehrten Richtung vor, nachdem Sie den Dichtungsbereich gut gereinigt und für den leichteren Einbau etwas gefettet haben – Spülmittel oder Glycerin tut es auch. Achten Sie auf einen gleichmäßig festen Sitz der Dichtung und vergessen Sie keinesfalls, den Schutzleiter wieder anzuschließen und die Klammerbefestigungen anzubringen.

Instandsetzung: Magnetventil (Abbildungen 3.17, 3.22)

Neupreis	unter 50 €
Zeitaufwand	Austausch unter 20 Minuten; Instandsetzung 20 Minuten
Ersatzteil	Weitgehend standardisiert, daher auch gebraucht verwendbar – jedoch auf Winkel, Auslassreduzierung (!) und Befestigung achten.
Anmerkung	Austausch ist selten wirklich erforderlich, denn Magnetventile lassen sich gut warten, falls nicht gerade die Wicklung defekt ist oder Risse in der Membran erkennbar sind. Magnetventile benötigen einen gewissen Mindestwasserdruck, um sicher zu schalten.

Die Widerstandsmessung an der Spule eines Magnetventils sollte 3 bis 5 kΩ je Wicklung ergeben. Meist ist die Wicklung noch intakt und nur eine Reinigung des Innenlebens erforderlich.

Der Ausbau der Magnetventileinheit wird in jedem Fall komplett vorgenommen:

1. Vor der Demontage kennzeichnen Sie die Anschlusskabel sowie die Schläuche eindeutig, um eine logische Vertauschung der Ventile und Abläufe auszuschließen.

2. Lösen Sie die Überwurfmutter des Druckschlauchs (Dichtung nicht verlieren!) und achten Sie auf den Verschmutzungsgrad des Siebs – vielleicht liegt hier ja schon das Problem.

3. Ziehen Sie alle Steckkontakte ab. Die abgehenden Schläuche lösen Sie, indem Sie mit Hilfe einer Flachzange die Federenden der Schlauchklemmen zusammendrücken und gleichzeitig am Schlauch drehen und ziehen. Machen Sie sich zusätzlich Notizen über bestehende Auslassreduzierungen am defekten Magnetventil.

4. Lösen Sie die Schrauben, mit denen die Einheit am Gehäuse der Spülmaschine befestigt ist, und ziehen Sie das Modul vorsichtig heraus.

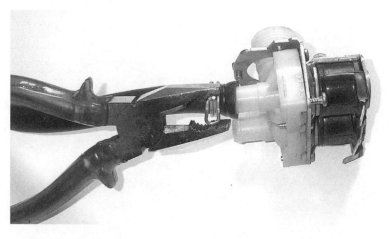

Abb. 3.16: Federklemmen werden mit der Flachzange über den Wulst geschoben

Um die Einheit zu zerlegen und das Ventil zu säubern, gehen Sie folgendermaßen vor:

1. Lösen Sie alle Schrauben des Membrangehäuses.

2. Ziehen Sie die Gehäusehälften vorsichtig auseinander, um die Membran und Dichtung nicht zu beschädigen.

Reparaturanleitungen

3

3. Lösen Sie die Membran und Dichtung vorsichtig aus der Gehäusehälfte und reinigen Sie sie mit einem Schuss Spülmittel, Essig oder Zitronensaft. Achten Sie darauf, dass Sie alle Kalkspuren und auch Verstopfungen in den kleinen Kanälen beseitigen.

4. Reinigen Sie die Gehäusehälften. Verwenden Sie dazu Kalklöser, jedoch keine scharfen Gegenstände.

5. Setzen Sie alle Teile wieder vorsichtig zusammen, sodass beide Gehäusehälften gut passen und ziehen Sie dann die Schrauben wieder an – fest aber nicht zu fest.

Der Einbau des Moduls in die Maschine erfolgt in umgekehrter Reihenfolge zum Ausbau:

1. Setzen Sie die Einheit in das Gehäuse und schrauben Sie es fest.

2. Setzen Sie die Ablaufschläuche auf die Auslassstutzen und bringen Sie die Federklemmen bzw. Schlauchbinder wieder an.

3. Bringen Sie die Steckkontakte wieder an. Falls ein Steckkontakt zu lose ist, biegen Sie ihn mit einer Zange fester.

4. Achten Sie beim Wiederanschluss des Druckschlauchs auf den korrekten Sitz der Dichtung in der Überwurfmutter und vergessen Sie das Sieb nicht wieder mit der Wölbung nach außen einzusetzen.

Abb. 3.17: Geöffnetes Doppelmagnetventil – die Dichtung hat Kalkkrusten, die sich säubern lassen

Austausch und Instandsetzung: Ablaufpumpe (Abbildung 3.14)

Neupreis	meist unter 60 € (gut erhältlich in Fundgruben von Elektronikläden)
Zeitaufwand	Unter 20 Minuten

Ersatzteil	*Neu:* Da in Spülmaschinen zu findende Ablaufpumpen weitgehend standardisiert sind, ist passender neuer Ersatz nicht schwer aufzutreiben.
	Gebraucht: Gegen den Einbau eines intakten gebrauchten Modells ist nichts einzuwenden, sofern die Querschnitte für die Schläuche passen. Falls die Achse bei Austritt aus dem Pumpengehäuse jedoch bereits Verkalkung zeigt, ist die Dichtung marode. Schwer gängige Lager lassen sich zwar fetten, lang hält die Freude meist nicht.
Anmerkung	Pumpengehäuse lässt sich öffnen und reinigen, Lager und Achsdichtung immer fetten.

Eine Widerstandsmessung an den beiden Wicklungsanschlüssen gibt Aufschluss darüber, ob der Motor elektrisch noch intakt ist. Defekte lassen sich meist bereits an Verfärbungen erkennen.

Zum Ausbau der Pumpe aus dem Gerät gehen Sie wie folgt vor:

1. Lokalisieren Sie die Pumpe im Gerät. Sie liegt an der tiefsten Stelle und ist gut anhand des Ablaufschlauchs zu identifizieren. (Beachten Sie, dass es auch Spülmaschinen mit kombinierten Ablauf-/Umwälzpumpen gibt.)

2. Ziehen Sie die beiden Klemmen des Anschlusskabels ab – auf eine Polung ist nicht zu achten, da der Drehsinn des Motors unabhängig von der Polung ist. Wenn vorhanden, lösen Sie auch die Schraube für den Schutzleiteranschluss.

3. Lösen Sie die Schrauben der Halterung – entweder an der Pumpe oder am Gehäuse der Maschine.

4. Entfernen Sie die abgehenden Schläuche. Dazu drücken Sie die Federklemmen mit Hilfe einer Flachzange zusammen und ziehen sie in einer drehenden Bewegung über den Wulst des Pumpenstutzens. Falls das nicht geht, tut ein Tropfen Öl oft Wunder.

Nun müssten Sie die Pumpe in der Hand haben und können sie prüfen und gegebenenfalls in Stand setzen:

1. Prüfen Sie als erstes, ob das Lüfterrad leicht drehbar ist (keine Gewalt, vielleicht ist das Flügelrad der Pumpe durch einen eingesaugten Gegenstand blockiert). Bei starker äußerlicher Korrosion und Schwergängigkeit rentiert sich meist keine weitere Wartung.

2. Als Nächstes werfen Sie einen Blick auf den Achsaustritt am Pumpengehäuse. War hier Wasser am Werk? Sieht man einen Kalkring? Wenn ja, können Sie die Pumpe abschreiben.

3. Untersuchen Sie die Wicklung auf Verbrennungen und messen Sie sie durch.

4. Wenn die Wicklung intakt ist, rentiert sich ein Blick in das Pumpengehäuse. Lösen Sie dazu die ringförmig angeordneten Schrauben und trennen Sie die Gehäusehälften vorsichtig, um die Dichtung nicht zu verletzen. Bringen Sie zuvor eine Markierung an,

damit Sie später noch wissen, in welchem Winkel die Gehäusehälften zusammengehören. Verkalkungen im Pumpengehäuse spielen keine Rolle, einzig Blockaden des Flügelrads sollten Sie beseitigen. Eine weitere Demontage (Lösen des Flügelrads, Abstreifen der Gehäusehälfte von der Achse) führt meist nur zu irreparablen Beschädigungen beispielsweise der empfindlichen Achsdichtung.

5. Fetten Sie die Lager und bauen Sie die Pumpe wieder zusammen. Achten Sie darauf, dass Sie die Gehäusehälften im richtigen Winkel zusammensetzen.

Wenn die Pumpe wieder läuft oder ein Austauschmodell verfügbar ist, können Sie den Einbau vornehmen:

1. Prüfen Sie, ob die Halterung des Austauschmodells passt. Ansonsten müssen Sie etwas improvisieren.

2. Klären Sie, wie die Pumpe räumlich im Gerät liegt, stecken Sie die Schläuche auf und ziehen Sie die Federklemmen per Flachzange über die Wülste der Stutzen.

3. Schrauben Sie Pumpe am Gehäuse fest. Die Schraube darf sich bei Vibration nicht lösen (Sprengring verwenden).

4. Stecken Sie die Anschlussklemmen wieder an (Polung spielt keine Rolle) und klemmen Sie den Schutzleiter an.

5. Prüfen Sie durch Andrehen des Lüfterrads, ob die Pumpe frei drehen kann.

Austausch: Festtemperaturthermostat (Abbildung 3.14)

Neupreis	unter 10 €
Zeitaufwand	unter 10 Minuten
Ersatzteil	Weitgehend standardisiert, wenn kein Temperaturaufdruck, Schalttemperatur des Originalersatzteils in Erfahrung bringen.
Anmerkung	Die Schaltleistung sollte mindestens 10 A betragen.

Festtemperaturthermostate sind Bimetallschalter (vgl. Abschnitt „Sensoren: Thermostaten, Bimetallschalter, Druckschalter", Seite 48) und stecken meist ohne eigene Verschraubung im Boden der Spülwanne – gehalten durch eine engsitzende Dichtung. Vor dem Ausbau von Mehrfachthermostaten müssen Sie die Anschlusskabel bezeichnen. Für den Wiedereinbau sollten Sie die Dichtung gut reinigen, leicht einfetten (Glycerin oder Spülmittel tun es auch) und auf einen festen Sitz achten.

Austausch: Türgummi (zweiteilig)

Neupreis	unter 25 € je Teil
Zeitaufwand	unter 60 Minuten

Ersatzteil	Möglichst Originalersatzteil besorgen.
Anmerkung	Zweiteilig, meist ist nur das untere, an der Tür befestigte Gummi verschmutzt oder verschlissen. Versuchen Sie es erst mit Reinigung – Kalkablagerungen mit Essig und/oder Spülmittel entfernen.

Eine Reinigung der Türdichtungen sollte ohne Verwendung scharfer Gegenstände erfolgen und auch im Allgemeinen keinen Ausbau umfassen, da die Gummis bei manchen Modellen nach einem Ausbau nicht mehr verwendbar sind. Der Austausch eines Türgummis wird erforderlich, wenn die Spülmaschine auch nach ausgiebiger Säuberung der Gummis aus der Tür heraus leckt. Ein defektes Gummi zeigt Risse, Brüche und ist porös.

Der Ausbau des unteren an der Tür befestigten Gummis kann mit dem Lösen mehrerer Blechschrauben und Konterschienen erledigt sein, aber auch die Demontage der gesamten Tür erfordern – das ist bei den verschiedenen Herstellern unterschiedlich gelöst. Der Einbau erfolgt analog zum Ausbau, nachdem der gesamte Bereich gründlich gesäubert wurde. Achten Sie darauf, die Blechschrauben nicht zu überdrehen!

Das seltener auszutauschende obere Türgummi ist je nach Modell gleichfalls mit zahlreichen Blechschrauben und Metallschienen befestigt oder schlicht per Falz in eine umlaufende Nut gedrückt. Entsprechend erfolgt die Demontage per Schraubenzieher oder durch einfaches Herausziehen, notfalls mit einer Flachzange. Säubern Sie die Fläche unter der Dichtung gründlich, bevor Sie die Ersatzdichtung montieren. Damit eine Dichtung mit Falz besser rutscht, schmieren Sie diesen vor dem Eindrücken sparsam mit Vaseline, Glyzerin oder Spülmittel ein.

Aus-/Einbau: Umwälzmotor

Neupreis	ca. 150 €, Austausch lohnt daher oft nicht
Zeitaufwand	unterschiedlich
Ersatzteil	Originalersatzteil besorgen; die Kompatibilität aller Anschlüsse sowie der Befestigung muss gewährleistet sein. Dichtungen nicht vergessen (alte Dichtungen lassen sich oft aber nach Reinigung weiter verwenden).
Anmerkung	Defekt ist meist Folge von Undichtigkeiten, starker Verkalkung oder angesaugter Scherben aufgrund eines gerissenen oder nicht montierten Siebs. In letzterem Fall Sieb unbedingt mit austauschen.

Wenn es ein Teil gibt, das an einer Spülmaschine wirklich selten kaputtgeht, dann ist das der meist als Asynchronmotor mit Kondensator ausgeführte Umwälzmotor. Er sollte daher nur ausgebaut werden, wenn ein Defekt sicher nachgewiesen ist. Die Prüfung umfasst das Durchmessen der beiden Wicklungen und des Kondensators sowie den Nachweis der Leichtgängigkeit des Rotors.

3

Der Austausch ist je nach Gerätetyp unterschiedlich. Nach dem Abziehen des Anschlusssteckers lösen Sie die Schlauchverbindungen sowie alle Befestigungsschrauben. Für den Wiedereinbau ist auf den richtigen Sitz evtl. notwendiger Dichtungen zu achten.

Austausch: Druckschalter (Abbildung 3.14)

Neupreis	unter 25 €
Zeitaufwand	unter 10 Minuten
Ersatzteil	Möglichst Original verwenden, da Schaltpunkte unterschiedlich sind.
Anmerkung	Selten defekt, meist nur Druckmessschlauch bzw. Entlüftungsschlauch verstopft. Schaltpunkteinstellung durch Höhenverstellung sowie über Justierschrauben möglich, jedoch nicht sinnvoll.

Um einen Druckschalter zu prüfen, klemmen Sie den Druckmessschlauch mit den Fingern ab und pusten in den Entlüftungsschlauch. Die Schaltpunkte sind deutlich als Klicken zu hören und müssen sich elektrisch per Widerstandsmessgerät nachweisen lassen.

Vor dem Ausbau unbedingt Anschlusskabel bezeichnen, dann Befestigung und Druckschlauch lösen. Der Einbau geht in umgekehrter Weise vor sich.

Austausch: Programmschaltwerk

Neupreis	nicht unter 150 €
Zeitaufwand	über 1 Stunde
Ersatzteil	Nur Originalersatzteil.
Anmerkung	Reparatur oder Austausch mechanischer Schaltwerke lohnt meist nicht, da sehr knifflig und schwierig. Die Instandsetzung einer elektronischen Steuerung ist hingegen oft einfach (vgl. Teil D).

Manchmal sind an einem Programmwahlschalter, von außen gut zu sehen, nur einige Kontakte verbrannt (etwa welche für die Heizung). In diesem Fall können Sie eine Reinigung mit feinem Werkzeug versuchen. Die heilende Wirkung hält im Allgemeinen aber nicht lange an. Besser ist der Ringtausch mit einem weniger belasteten, noch intakten Kontakt, was jedoch meist nicht so ohne weiteres möglich ist.

Vom Austausch des nur als teueres Originalersatzteil beziehbaren Programmschaltwerks ist eher abzuraten, vom Zerlegen erst recht. Wer sich dennoch rantraut, erstelle sich eine genaue Zeichnung *aller* Kabelanschlüsse und bezeichne die Kabel, wenn die Farbgebung mehrdeutig ist. Eventuell müssen Lötbrücken hergestellt werden. Wenn der elektrische Teil erledigt ist, bleibt noch die Ankopplung der mechanischen Elemente. Für die Wiederinbetriebnahme muss der korrekte Funktionsablauf des Geräts kritisch überprüft werden.

Anders bei Elektronikmodulen: Hier kann eine Reparatur unter Beachtung der Hinweise in Teil D dieses Buchs zu guten Erfolgen führen. Begutachten Sie die Steckverbindungen, prüfen Sie die Relaiskontakte und messen Sie Transistoren, Triacs, Dioden sowie größere Widerstände durch. Wenn Sie Glück haben, kostet die Reparatur nur ein paar Cent.

Mechanische Programmschaltwerke mit kleineren Wackelkontakten können unter Umständen durch einen kräftigen Schuss Kontaktspray wieder funktionstüchtig gemacht werden, dabei sollte der Programmschalter mehrmals manuell gedreht werden. Vor der Wiederinbetriebnahme müssen Sie eine gute halbe Stunde warten, bis das leitende Kontaktspray vollständig verflogen ist. Diese „Reparatur" hält aber meist nicht sehr lange. Besser – aber oft diffizil oder nicht durchführbar – ist eine begleitende mechanische Reinigung der Kontakte.

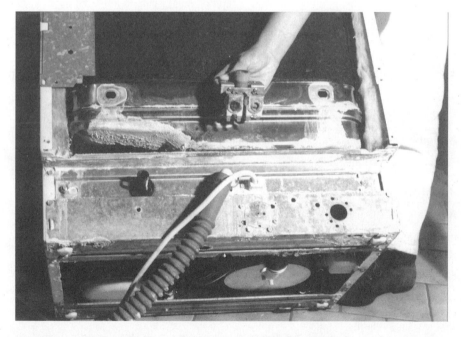

Abb. 3.18: Hinteransicht einer Spülmaschine mit Wasserschaden – Durch nicht festgezogene Schrauben konnte Spülwasser durch die Befestigungslöcher (hintere Abdeckung) austreten. Die gesamte Elektrik wurde durch das aggressive Spülmittel in Mitleidenschaft gezogen – insbesondere das Magnetventil.

Fehlerbilder einer Spülmaschine

Fehlerbild	Gerät elektrisiert bei Berührung.
Mögliche Ursachen	Kriechstrom durch Feuchtigkeit und Schutzerdung nicht vorhanden; evtl. hat das Heizelement einen Isolationsschaden; elektrischen Anschluss sowie Zuleitung überprüfen (vgl. die entsprechenden Abschnitte in [1] oder [2] im Literaturverzeichnis).
Abhilfe	Gerät trocknen, Lecks beseitigen und Funktionsfähigkeit des Schutzleiters unbedingt wieder herstellen; Heizstab überprüfen und ggf. auswechseln.
Fehlerbild	Keine Funktion (evtl. zuerst kurzes Abpumpen, Anzeige leuchtet und Magnetventil summt leise).
Mögliche Ursachen	Kein Wasserzulauf.
Abhilfe	Wasserdruck, Wasserhahn, Platzschutzventil prüfen.
mögliche Ursachen	Sieb am Magnetventil verstopft, Magnetventil schaltet nicht oder ist verstopft (mechanischer Defekt).
Abhilfe	Auf leises Klicken achten. Wenn Wasserdruck vorhanden, Sieb reinigen, Ventil in Stand setzen oder austauschen (bei Doppelventil auf richtige Anschlussfolge achten). Gerät nach Reparatur einige Spülgänge lang nicht aus den Augen lassen, um Wasserschaden vorzubeugen.
Fehlerbild	Evtl. zuerst kurzes Abpumpen, Anzeige leuchtet, jedoch keine weiteren Geräusche.
mögliche Ursachen	Aquastop (falls vorhanden) hat auf Feuchtigkeit reagiert (meist) oder ist selbst defekt (selten).
Abhilfe	Druckschlauch überprüfen, ggf. Einheit austauschen.
mögliche Ursachen	Magnetventil schaltet nicht (elektrischer Defekt).
Abhilfe	Spule des Magnetventils durchmessen, Kabelzuführung überprüfen und ggf. austauschen (bei Doppelventil auf richtige Anschlussfolge achten).
Fehlerbild	Anzeige leuchtet nicht (falls defekt, siehe oben) und absolut keine Funktion.
mögliche Ursachen	Stromzuführung ist unterbrochen, meist mechanischer Fehler am Türschalter. Sonst: Türschalter, Zuleitung, Einschalter, Sicherung, evtl. Gerätesicherung, Aquastop, Steuerung (Programmwahlschalter).
Abhilfe	Stromversorgung überprüfen; Türschalter „per Hand" auslösen (keines-

	falls dauerhaft überbrücken!!!) und gegebenenfalls justieren, in Stand setzen oder austauschen. Strompfade und Schalter durchmessen und ggf. reinigen oder ersetzen. (Programmschalter sind teuer, sodass der Austausch meist nicht lohnt – auch ist er kaum selbst zu bewerkstelligen).
Fehlerbild	Wasser ist eingelaufen, keine Umwälzung, kein Geräusch aus dem Programmschalter.
mögliche Ursachen	Programmschalter hängt mechanisch oder hat Kontaktfehler.
Abhilfe	Programmschalter sind teuer, sodass der Austausch meist nicht lohnt – auch ist er kaum selbst zu bewerkstelligen.
mögliche Ursachen	Motor defekt oder Zuleitung unterbrochen.
Abhilfe	Funktionsfähigkeit des Motors prüfen, wenn erforderlich in Stand setzen (vgl. Abschnitt „Kurzschlussläufer", Seite 58).
Fehlerbild	Motor brummt stark, wälzt aber nicht um.
mögliche Ursachen	Kondensator defekt, oder Zuleitung zu Kondensator unterbrochen (Stecker am Motor prüfen).
Abhilfe	Durchmessen und wenn defekt, Austausch.
mögliche Ursachen	Verstopfung des Wasserwegs oder Lagerschaden (oft nach Glasbruch, bei löchrigem oder vergessenem Sieb).
Abhilfe	Verstopfung beseitigen, Lager überprüfen, ggf. Motor austauschen.
Fehlerbild	Wasser wird umgewälzt Spülvorgang „normal" oder endlos, Geschirr bleibt schmutzig.
mögliche Ursachen	Heizstab defekt.
Abhilfe	Heizstab auf Verkalkung untersuchen, durchmessen und ggf. austauschen.
mögliche Ursachen	Ein Festtemperaturthermostat ist defekt.
Abhilfe	Alle Thermostaten überprüfen, defekten austauschen.
mögliche Ursachen	Wasserablauf verstopft oder Ablaufpumpe arbeitet nicht.
Abhilfe	Wasserablauf überprüfen, Pumpenfunktion sicherstellen. Pumpe evtl. demontieren und reinigen oder austauschen.

Reparaturanleitungen

3

105

Fehlerbild	Geschirr hat Flecken.
mögliche Ursachen	Kein Verdacht auf Fehlfunktion unmittelbar nach Auffüllen des Salzbehälters.
Abhilfe	Salz beim Einfüllen nicht in der Maschine verstreuen; Salz erst kurz vor dem nächsten Spülgang einfüllen.
mögliche Ursachen	Keine oder zu wenig Klarspülerabgabe, da Vorrat erschöpft, Wasserhärtegrad zu gering eingestellt oder Klarspülerdosierung defekt.
Abhilfe	Härtegradeinstellung überprüfen, Füllgrad sicherstellen, Funktion des Dosiermechanismus in der Fronttür überprüfen, evtl. Hubmagnet gängig machen.
mögliche Ursachen	Wasserenthärtungsanlage arbeitet nicht oder nur eingeschränkt, da kein Salz eingefüllt ist oder das Salz nach Austrocknung der Maschine zu einem Klumpen kristallisiert ist.
Abhilfe	Salzgehalt überprüfen, Salzklumpen durchweichen lassen und vorsichtig mechanisch zerkleinern.
Fehlerbild	Geschirr quietscht beim Anfassen.
mögliche Ursachen	Ist beim Nachfüllen des Klarspülers etwas danebengegangen, kann dieser Effekt normal sein. Ist der Effekt nach dem nächsten Spülgang immer noch vorhanden, ist der Wasserhärtegrad (Dosiermechanismus) zu hoch eingestellt.
Abhilfe	Härtegradeinstellung überprüfen.
mögliche Ursachen	Dosiermechanismus verschließt nicht vollständig (Dichtung undicht, Klarspülerverbrauch ist erhöht und Geruch auffallend).
Abhilfe	Dosiermechanismus überprüfen, Dichtung ggf. reinigen oder ersetzen.
Fehlerbild	Gerät dampft nach 20 Minuten Betriebsdauer.
mögliche Ursachen	Thermostat schaltet die Heizung nicht ab, das Spülwasser kocht.
Abhilfe	Alle Thermostaten testen, defekten Thermostaten austauschen.
Fehlerbild	Wasserzulauf findet kein Ende (nach einiger Zeit Wasseraustritt durch die Tür).
mögliche Ursachen	Magnetventil mechanisch defekt (verkalkt, verstopft oder Dichtung porös).
Abhilfe	Magnetventileinheit ausbauen und in Stand setzen (vgl. oben). Nach der Reparatur die Maschine einige Spülgänge lang beaufsichtigen, um Was-

	serschäden zu vermeiden, falls der Defekt nicht endgültig behoben ist.
mögliche Ursachen	Füllstandschalter ist defekt oder Druckschlauch verstopft.
Abhilfe	Funktion messtechnisch überprüfen, Schläuche und Zulaufkanal säubern.
Fehlerbild	Gerät verliert Wasser während des Spülvorgangs.
mögliche Ursachen	Türgummi ist verschmutzt, porös oder beschädigt (meist Kippdichtung unten).
Abhilfe	Reinigen und wenn verschlissen austauschen.
mögliche Ursachen	Schlauch, Schlauchverbindung oder Dichtung ist schadhaft (oft auch Pumpendichtung).
Abhilfe	Leck suchen z.B. anhand von Kalkspuren. Bei defekter Achsdichtung der Ablaufpumpe wird eine neue Pumpe fällig.
Fehlerbild	Programmablauf gestört, z.B. Spülvorgang wird nicht beendet, Maschine steht oder Weiterdrehen des Programmschalters „per Hand" hilft.
mögliche Ursachen	Evtl. zweites Magnetventil defekt oder Türschalter dejustiert (Gehäuse hat sich nach Erhitzung ausgedehnt, Schalter schließt plötzlich nicht mehr).
Abhilfe	Funktion beider Ventile sicherstellen und ggf. austauschen (bei Doppelventil auf richtige Anschlussfolge achten); Türschalter justieren.
mögliche Ursachen	Aderbruch (z.B. am besonders gefährdeten Übergang Tür/Chassis).
Abhilfe	Sichtkontrolle, Durchmessen und ggf. Reparatur.
mögliche Ursachen	Programmschalter defekt (wahrscheinlichste Vermutung).
Abhilfe	Programmschalter sind teuer, sodass der Austausch meist nicht lohnt – auch ist er kaum selbst zu bewerkstelligen.

Reparaturanleitungen

3

Waschmaschinen

Waschmaschinen gibt es in den unterschiedlichsten Ausführungen. Die älteren Halbwaschautomaten dürften inzwischen endgültig das Zeitliche gesegnet haben, darum behandle ich hier nur den Vollwaschautomaten in Standardausführung. Geräte mit Trocken- und Bügelfunktion[12] sind etwas komplexer, weil sie zusätzliche Komponenten und Funktionen besitzen, die prinzipiellen Fehlerbilder stimmen aber überein.

Funktionsablauf

Von der Bauform her müssen wir bei Waschmaschinen zwischen Topladern und Frontladern unterscheiden, die elektrischen und mechanischen Komponenten sind aber im Wesentlichen dieselben. Selbst einfache Maschinen besitzen bereits Programme für Normalwäsche mit oder ohne Vorwäsche bei 95°, Normalwäsche mit Schleudern bei 60°, 40°, 30° und kalt sowie Schonwäsche ohne Schleudern bei 40°, 30° und kalt. Zusätzlich stehen für die einzelnen Waschphasen mehrere Waschmittelkammern sowie eine Weichspülerkammer zur Verfügung. Die Einstellung der Programme erfolgt mittels eines Programmwahlschalters, der mechanisch direkt mit dem Programmschaltwerk gekoppelt ist, oder per Tastenaggregat mit Starttaste, wenn die Steuerung elektronisch oder wenigstens teilweise elektronisch ist. Manche Maschinen besitzen einen separaten Temperaturwahlknopf oder einen Einstell-Thermostaten für die stufenlose Einstellung der Waschtemperatur. Bessere Geräte haben zusätzlich noch Schonwasch-, Bio- und Energiespartasten (Economy), die hauptsächlich auf die verwendete Wassermenge, die Waschzeit und die Umwälzgeschwindigkeit der Wäsche Einfluss haben.

Für die automatische Waschmittelzugabe wird das zulaufende Wasser durch eine Waschmittelkammer geleitet, bevor es in die Trommel gelangt. Die Auswahl der für die jeweilige Waschphase zuständigen Waschmittelkammer erfolgt entweder durch einen mechanisch mit dem Programmschaltwerk gekoppelten Schwenkarm oder durch verschiedene Magnetventile. Der eigentliche Waschvorgang findet in einer drehbaren, horizontal gelagerten Waschtrommel statt, die von einer Wanne umschlossen ist und durch einen starken Motor per Keilriemen angetrieben wird. Durch die Drehung wird die mit Wasser vollgesogene Wäsche mitgenommen, fällt aber schwerkraftbedingt auf halbem Wege wieder nach unten. Zur besseren Umwälzung und Wasserdurchflutung der Wäsche sorgt ein zur Programmsteuerung gehörender elektromechanischer oder elektronischer Umschalter zusätzlich dafür, dass sich der Drehsinn des Motors – und damit der Trommel – ca. alle 30 Sekunden umkehrt. Die Dauer der Hauptwaschphase wird wesentlich durch die Aufhei-

---

[12] Glauben Sie nicht alles, was gedruckt ist!

zung der Waschlauge auf die voreingestellte Temperatur bestimmt. Während der unterhalb der Trommel sitzende Heizstab (auch mehrere) aktiv ist, steht das Programmschaltwerk still und aktiviert sich erst wieder, wenn der Thermostat die Überschreitung der voreingestellten Temperatur „gemeldet" hat.

Gegen Ende der einzelnen Waschphasen (in der Spülphase öfter) tritt die Laugenpumpe in Aktion. Sie saugt das Wasser durch das regelmäßig zu säubernde Flusensieb an und pumpt es in den Ablaufschlauch. Sobald die Wanne genügend entleert ist, reagiert der Füllstandschalter (oft auch reine Zeitsteuerung) und leitet normalerweise zusätzlich einen kurzen Schleudergang ein. Die dabei wirkende Zentrifugalkraft preßt das Wasser aus der nassen Wäsche. Am Ende des gesamten Waschvorgangs findet ein längerer Schleudergang mit gleichzeitigem Abpumpen statt, der eine gute Vortrocknung der Wäsche ermöglicht. Zur Kompensation von Unwuchten während des Schleudergangs aufgrund schlecht verteilter Wäsche ist die Trommel über Federn und Gelenke im Chassis verankert, und ein oder mehrere Stoßdämpfer beruhigen die auftretenden Schwingungen.

Als Trommelantriebs- und Schleudermotoren finden bei Waschmaschinen überwiegend Asynchronmotoren mit Hilfswicklung und Phasenschieber (Kondensator) Verwendung, da diese Modelle verschleißarm und recht leistungsstark sind (vgl. Abschnitt „Kurzschlussläufer", Seite 58). Aus physikalischen Gründen können solche Motoren bei Netzstrombetrieb mit 50 Hz aber keine Drehzahlen höher als 3000 Upm (Umdrehungen per Minute) erreichen, was bei der zusätzlich notwendigen Kraftübersetzung nur zu eher mäßigen Schleuderleistungen gereicht (typisch 500 Upm). Maschinen mit höheren Schleuderdrehzahlen (bis 1500 Upm) müssen deshalb einen Kommutatormotor „in Kauf nehmen", dessen Kohlebürsten einem gewissen Verschleiß unterliegen (vgl. Abschnitt „Universalmotor", Seite 57).

Bei modernen Maschinen, die mit einer elektronischen Steuerung per Mikrocontroller oder -prozessor ausgestattet sind, findet man heutzutage recht ausgeklügelte Drehzahlregelungen per Phasenanschnitt- oder variabler Frequenzsteuerung. Den zusätzlichen Regelungsaufwand dankt die Maschine durch verminderten Verschleiß (elektronische „Auswuchtung" per Drehzahländerung ist möglich), geringeres Gewicht (reduzierte passive Dämpfung) und ruhigeren Betrieb. Das alte Problem, dass die Waschmaschine beim Schleudern durch die Waschküche oder das Bad tanzt und dabei dumpfe stampfende Geräusche von sich gibt, tritt bei solchen Maschinen nicht mehr auf – um den Preis einer höheren Störanfälligkeit der Elektronik.

Aufstellen und Anschluss

Der Anschluss einer Waschmaschine geschieht von drei Seiten aus: Stromzufuhr, Wasserzufluss und Wasserabfluss.

Reparaturanleitungen

3

Für den *elektrischen Anschluss* ist es empfehlenswert, einen eigenen, mit 16 A abgesicherten Stromkreis vorzusehen. Manche Geräte kommen auch mit einem 10 A-Anschluss aus, was aber, wenn das Nachfolgermodell das nicht tut? Die Geräte sind mit handelsüblichen Schukosteckern versehen, die den Anschluss an jeder Steckdose mit Schutzkontakt erlauben. Vor der ersten Inbetriebnahme der Maschine müssen Sie das Vorhandensein und die Funktionstüchtigkeit des Schutzleiters sicherstellen (vgl. [1] oder [2] im Literaturverzeichnis).

Der *Wasserzulauf* darf nur über spezielle Druckschläuche erfolgen. Ein Druckschlauch besitzt an beiden Enden eine Überwurfmutter mit Innengewinde und sitzt zwischen dem Magnetventil der Maschine und dem Wasserhahn (Dichtungen!). Die über die Wasserinstallation oft weit hörbaren Schaltvorgänge der Magnetventile lassen sich durch ein zwischengeschraubtes Rückschlagventil mit Rückflussverhinderung wirksam unterbinden. Empfehlenswert ist zudem ein zwischengeschraubtes Platzschutzventil, das auf ein Platzen des Druckschlauchs bzw. hohes Durchflussaufkommen anspricht und die weitere Wasserabgabe wirksam unterbindet. Dennoch sollte der Absperrhahn nur während des Waschvorgangs offen sein – mit Wasserschäden ist nämlich nicht zu spaßen – speziell in Mietshäusern.

Bessere Geräte sind mit einem elektronischen *Aquastop* ausgestattet und machen zusätzliche Sicherheitseinrichtungen bzw. -maßnahmen überflüssig. Bei Maschinen mit Aquastop-Vorrichtung sitzt das Magnetventil direkt am Wandanschluss, und eine Schutzhülle mit Wassersensor um das Schlauchpaket für den Zu- und Ablauf sorgt dafür, dass die Maschine bei Wasseraustritt ihre Aktivitäten einstellt.

Der *Wasserablauf* erfolgt über einen handelsüblichen Ablauf- oder Laugenschlauch, der direkt mit Hilfe einer Schlauchklemme an den Wasserablauf eines Waschbeckens angeschlossen wird. Die Siphoneinheit besitzt für diesen Zweck meist einen oder zwei Anschlüsse, wenn nicht, muss sie gegen eine solche ausgewechselt werden. Bevor Sie den Schlauch fest anklemmen, müssen Sie unbedingt die evtl. noch vorhandene Verschlussscheibe im Anschluss entfernen. Hierzu lösen Sie kurz die Überwurfmutter, nehmen die Scheibe heraus und verschrauben das Teil wieder (Dichtung nicht vergessen). Oft wird der Ablaufschlauch auch einfach in ein Waschbecken, die Toilettenschüssel oder die Badewanne geklemmt. Diese von vielen aus Scheu vor hohen Installateurkosten in Kauf genommene Lösung ist nicht nur hässlich, sondern auch mit einem hohen Überschwemmungsrisiko behaftet.[13] Bedenkenlos sollte sie nur in Feuchträumen mit vorhandenem Bodenabfluss angewendet werden.

Beim Aufstellen des Geräts ist zu beachten, dass es gleichmäßigen Bodenkontakt hat und exakt waagrecht steht, damit es beim Schleudern nicht wandert. Die meisten Geräte besit-

---

[13] Das am Installateur eingesparte Geld sollte also auf jeden Fall in eine Hausrats- oder zumindest Haftpflichtversicherung investiert werden.

zen für die Austarierung höhenverstellbare Füßchen, die durch eine Kontermutter fixierbar sind. Stellen Sie sicher, dass Sie beim Aufstellen weder Schläuche noch Kabel knicken oder beschädigen.

Energiespartipps

1. Waschmaschinen eignen sich bedingt auch für den Anschluss an die Warmwasserleitung per Heiß-/Kalt-Mischregler. Für die üblichen Hauptwaschgänge mit 30, 40 oder 60 Grad stellen Sie den Mischregler vor dem Start für die erste Wasserfüllung auf die entsprechende Temperatur und warten die ein bis zwei Minuten bis zum Abschalten des Magnetventils ab. Dann stellen Sie den Mischregler auf kalt (für die Spülgänge) und können die Maschine allein lassen.

2. Moderne Waschmittel sind durchaus in der Lage, auch bei Kaltwäsche oder bei 40 Grad vernünftige Waschergebnisse zu liefern. Bettwäsche, Handtücher etc. müssen heute nicht mehr ausgekocht werden. Weniger Temperatur spart Strom, reduziert die Verkalkung und schont die Wäsche.

3. Schon fast revolutionär ist der Betrieb einer Waschmaschine an einer Regenwasseranlage. Entsprechende Informationen lassen sich über das Internet in Erfahrung bringen. Das reduziert die Wasserrechnung, spart umweltschädliches Waschmittel, weil die Dosierung vom Härtegrad des Wassers abhängt, und schont (bei Verwendung eines guten Filters) die Maschine enorm.

4. Sollten Sie eine Waschmaschine mit Trockner besitzen, verwenden Sie ihn nicht! Trockner, speziell Wasch-Trockner, sind eine energetische Katastrophe. Sie schleudern nicht nur teure elektrische Energie als Wärme buchstäblich zum Fenster hinaus, sondern lassen zur Kühlung auch noch erhebliche Mengen an kostbarem Frischwasser den Abfluss hinunterrauschen.

Programmablauf

Als Programmeinheiten für ältere Waschmaschinen finden komplexe Schaltaggregate mit synchronmotorgetriebenem Schaltwerk Verwendung, die 20 und mehr Schaltzustände kennen. Die Abfolge der Zustände ist zum einen durch das Schaltwerk zeitgesteuert, zum anderen ist der Motor des Schaltwerks selbst aber wieder über Füllstandsschalter und

111

Thermostate gesteuert. Aus diesem Zusammenspiel heraus ergibt sich der in mehreren Etappen ablaufende Waschvorgang.

Bei moderneren Geräten wird das Schaltaggregat mit seinen vielen Kontakten und seiner komplizierten Mechanik zunehmend ganz oder teilweise durch elektronische „Kästchen" ersetzt. Die Steuerung erfolgt dann per Mikrocontroller, oder, wenn es der Hersteller besonders gut gemeint hat, per Mikroprozessor. Die Elektronik arbeitet zwar weitgehend verschleißfrei, von Relaiskontakten einmal abgesehen, die Störanfälligkeit elektronischer Waschknechte ist aber meist größer. Unmöglich ist auch das manuelle Weiterstellen des Programms zum Test einzelner Komponenten oder zur Wiederholung einzelner Waschphasen.

Normalwaschgang

Startpunkt: Vorwaschen (meist nur bei 95°- oder 60°-Waschgängen möglich)

1. Wasserzulauf über Magnetventil mit Waschmittelzugabe über Kammer I
2. Wasserumwälzung ca. 10 Minuten, meist mit Aufheizung auf 30°
3. Abpumpen der Lauge über Flusensieb.

Startpunkt: Hauptwaschen (alle Temperaturen)

4. Wasserzulauf über Magnetventil mit Waschmittelzugabe über Kammer II
5. Wasserumwälzung ca. 30 bis 60 Minuten mit Aufheizung auf die vorgewählte Temperatur. Das Programmschaltwerk steht, bis der Thermostat die Solltemperatur „meldet", danach zeitgesteuert 10 bis 15 Minuten weitere Wasserumwälzung.
6. Abpumpen der Lauge über Flusensieb

Startpunkt: Spülen

7. Mehrmalig: Wasserzulauf über Kammer II, zeitgesteuertes Umwälzen und Abpumpen mit kurzem Zwischenschleudern.

Startpunkt: Weichspülen

8. Wasserzulauf über Weichspülerkammer, zeitgesteuertes Umwälzen und Abpumpen; evtl. weiterer Spülgang
9. Vollständiges Abpumpen und abschließendes Dauerschleudern
10. Stopp.

Schonwaschgang

Der prinzipielle Ablauf beim Schonwaschgang entspricht weitgehend dem beim Normalwaschgang, mit dem Unterschied, dass die Maschine mehr Wasser verwendet, nicht schleudert und eventuell langsamer oder nicht so häufig umwälzt. Nach Beendigung des

Schonwaschgangs bleibt das Wasser in der Maschine stehen und der Abpumpvorgang muss manuell eingeleitet werden.

Diagnostik

Hält man sich den Programmablauf vor Augen, kann in vielen Fällen direkt durch Beobachtung auf die eine oder andere Fehlerquelle geschlossen werden. Achten Sie auf folgende Eindrücke: Wassereinlauf, Abpumpen (Motor und Wasserablaufgeräusch), leichtes Siedegeräusch beim Aufheizen (zwischen den Umwälzphasen gut hörbar), Umwälzen, Ticken des Programmschaltwerks (kann während des Heizvorgangs aufhören), Wärme, Schleudergeräusch. Abbildung 3.19 zeigt den kausalen Zusammenhang der einzelnen Komponenten. Die gestrichelte Linie deutet an, dass je nach Programmphase ein Zusammenhang zwischen Wasseraufheizung und nachfolgendem Abpumpen bestehen kann. Die Steuerung der meisten Geräte sieht vor, dass der Aufheizvorgang ohne Zeitsteuerung arbeitet, bis die Solltemperatur der Lauge erreicht ist. Für diesen Zweck verfügt die Maschine entweder über mehrere Festtemperaturthermostate oder über einen Einstell-Thermostaten. Erst dann läuft die reguläre Zeitsteuerung weiter. Auf diese Weise kann es bei defektem Heizstab zu endlosen Vor- und Hauptwaschgängen und bei defektem Thermostat zu unerwünscht endloser „Kochwäsche" und „Dampfsauna" in Waschküche oder Bad kommen.

Häufige Fehlerquellen sind Türschalter und Türverriegelungen. Der Türschalter unterbricht die Stromzuführung der Maschine, wenn das Waschfenster (Frontlader) bzw. der Deckel (Toplader) nicht geschlossen sind. Diese wichtige Sicherheitsfunktion schützt vor Überschwemmungskatastrophen und vor Verletzungen. Moderne Maschinen besitzen zusätzlich eine Türverriegelung, die ein Öffnen des Geräts während des Waschvorgangs wirksam verhindert. Gängig sind Arretierungen, die über ein Gestänge mechanisch vom Programmschaltwerk verriegelt werden, elektrische Entriegelungs-Hubmagneten und Thermoverriegelungen (Bimetalle mit Heizwicklung oder NTC-Widerstand). Elektrische Türverriegelungen lassen sich bei allen Maschinen zur Entnahme der Wäsche im Notfall auch manuell über einen Seilzug[14] oder versteckten Hebel entriegeln.

Ein weiteres Sorgenkind ist die Laugenpumpe. Sie korrodiert leicht nach Wasseraustritt oder längeren Stillstandsperioden und ist dann oft nicht mehr zu retten. Das Wasser stammt meist aus dem Pumpengehäuse, wenn die Achsendichtung am Pumpengehäuse porös, verkalkt oder aufgrund von Unwucht ausgeleiert ist. Problemlos lassen sich dagegen mechanische Verstopfungen durch Flusen, Geldstücke oder Knöpfe beheben – ein Wicklungsdefekt ist nur nach langer Überlastung durch Blockade zu befürchten (vgl. Abschnitt „Spaltpolmotor", Seite 58).

Reparaturanleitungen

3

---

[14] Das Seilende befindet sich z.B. hinter der Flusensiebklappe.

113

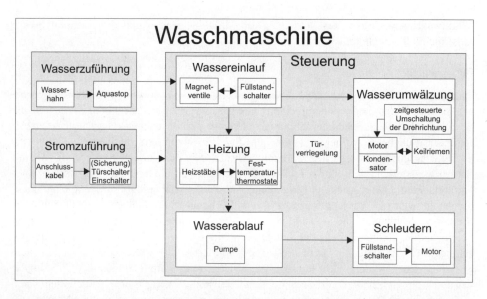

Abb. 3.19: Darstellung der Abhängigkeitsverhältnisse der einzelnen Funktionen für eine (Standard-)Waschmaschine. Verschachtelung steht für kausal-hierarchische Abhängigkeit, Pfeile für quer liegende Kausalzusammenhänge

Schwieriger kann die Reparatur bei sehr modernen Maschinen werden, wenn die Programmsteuerung oder ein Teil davon elektronischer Natur ist und der Verdacht ausgerechnet darauf fällt. Den allgemeinen Abschnitten am Anfang von Teil D (und auch von diesem Teil) entnehmen Sie, wie Sie die einzelnen Komponenten auf der Platine erkennen und durchmessen. Viele Reparaturen, beispielsweise am Netzteil, oder der Austausch von Relais können auch ohne elektronisches Vorwissen vorgenommen werden. Natürlich hilft auch der – meist problemlose aber nicht billige – Austausch des gesamten Moduls. Der Anschaffungspreis des Geräts wird die nicht unerheblichen Kosten dafür sicher rechtfertigen. Die Wiederinbetriebnahme der Maschine mit dem neuen Modul sollte aber nicht ohne Ursachendiagnose des defekten Moduls (evtl. durch eine Fachkraft) stattfinden, um auszuschließen, dass ein vielleicht noch vorhandener Kurzschluss das neue Modul sofort wieder knackt.

Öffnen des Geräts

Für die genauere Fehleranalyse, die über eine Reinigung des Flusensiebs hinausgeht, müssen Sie das Gerät zugänglich (evtl. herausziehen) und durch Ziehen des Netzsteckers völlig stromlos machen.[15] Der Zugang zum Innenleben kann je nach Modell von verschiedenen Seiten aus erfolgen und ist individuell zu klären. Im Folgenden einige Anhaltspunkte:

➤ An einige Bauteile, beispielsweise an die Magnetventile und die Steuerung kommen Sie von oben heran, indem Sie den Deckel der Maschine abschrauben. Je nach Ausführung kann das mit dem Lösen zweier Schrauben erledigt sein oder den Ausbau der Waschmittelkammermechanik samt Schläuchen erfordern. Bei Topladern müssen meist zusätzlich die Drehknöpfe (auf evtl. Verschraubung achten) abgezogen werden.

➤ Bei Frontladern sind Keilriemen und Motor nach (evtl. nur teilweiser) Abnahme der Rückwand zugänglich – bei Topladern entsprechend von einer der beiden Seiten, wo sich die Trommellager befinden.

➤ An den Türschalter gelangen Sie problemlos, indem Sie die Türdichtung (vgl. Abbildung 3.26) vom Gehäuse abmachen.

➤ Die Pumpe bildet meist eine Einheit mit dem Flusensieb. Einige Geräte ermöglichen den Zugang zur Pumpe direkt von vorne, durch Abnehmen der unteren Frontverblendung. Das gilt uneingeschränkt für Frontlader ohne eigenes Flusensieb. Bei solchen Geräten ist eine turnusmäßige Reinigung des Pumpengehäuses erforderlich, welches sich mittels eines einfachen Schnappverschlusses öffnen lässt. Bei allen anderen Frontladern und hohen Topladern erfolgt der Zugang zur Pumpe von unten (Gerät ca. 45° nach hinten kippen und fixieren) oder von hinten (Rückwand abnehmen).

➤ Bei niedrigen, standortflexiblen Topladern muss eine der Seitenwände abgenommen werden, um an das Innenleben zu kommen. Falls diese Geräte nicht mit einem üblichen, von der Seite herausnehmbaren Flusensieb ausgestattet sind, befindet sich das Sieb meist im Wannenboden (evtl. Abnehmen der oberen Abdeckung und Ausbau der Trommel). Einige Modelle dieser Bauart (z.B. ältere Siwamaten) besitzen aber auch (evtl. zusätzlich) einen direkt an der Pumpe befindlichen, kastenförmigen Filter, der nach dem Zyklonprinzip arbeitet und nur selten (ca. alle 2 bis 4 Jahre) einer Reinigung bedarf.

> **Hinweis** *Aus Sicherheitsgründen sind alle metallischen Gehäuseteile über eine eigene Ader mit dem Schutzleiteranschluss der Maschine verbunden. Diese Verbindungen sind beim Zusammenbau **unbedingt** wieder herzustellen, da sonst kein ausreichender Berührungsschutz mehr gewährleistet ist.* **Hinweis**

----

[15] Der Betrieb des offenen Geräts ist nur unter Einhaltung der in Abschnitt 1.2 erwähnten Sicherheitsmassnahmen zulässig!

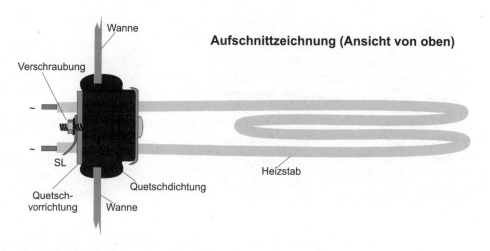

Abb. 3.20: Befestigung und Anschluss eines Waschmaschinenheizstabs

Austausch: Heizstab (Abbildungen 3.20, 3.21)

Neupreis	unter 50 €
Zeitaufwand	unter 30 Minuten
Ersatzteil	*Neu*: Möglichst Original verwenden (Form und Dichtung sollten übereinstimmen, Leistung kann differieren).
	Gebraucht: Kann sich rentieren, wenn äußerlich keine Schäden (Krater, Verkalkung, Risse) zu erkennen sind.
Anmerkung	Meist nur bei starker Verkalkung defekt, nicht mit scharfen Gegenständen reinigen oder biegen.
	Ausbau des Heizstabs ermöglicht das Entfernen zwischen Trommel und Wanne geratener Kleidungsstücke (Strümpfe, Höschen, Tücher etc.).

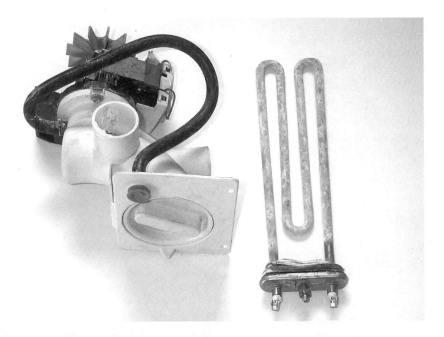

Abb. 3.21: *links* Waschmaschinenpumpe mit Flusensiebeinheit; *rechts* Heizstab mit leichter Verkalkung (3000 W)

Sie haben durch Messung oder Sichtkontrolle (Blick durch die Löcher der Trommel unter dem Licht einer Taschenlampe) einen Defekt des Heizstabs festgestellt. Der Austausch ist meist problemlos:

1. Öffnen Sie die Maschine von hinten (Frontlader) bzw. von der Seite (Toplader), und lokalisieren Sie kurz über dem Wannenboden den Heizstab (evtl. mehrere).

2. Ziehen Sie die beiden Steckkontakte der Stromzuführung ab und lösen Sie den gelb-grünen Schutzleiter sowie die Befestigungsmuttern der Quetschvorrichtung für die Dichtung.

3. Belassen Sie die Mutter der Quetschvorrichtung am Ende des Schraubengewindes und schlagen Sie beides mit einem Hämmerchen vorsichtig nach innen. Das entspannt die Quetschdichtung und erleichtert das Herausziehen der Dichtung.

4. Der Heizstab müsste sich nun samt Dichtung nach außen hin herausnehmen lassen. (Nicht verzweifeln! Wahrscheinlich müssen Sie die Dichtung separat durch vorsichtiges Zusammendrücken mit einer Rohrzange herausheben – ein Schuss Spülmittel kann die Sache erleichtern.) Verwenden Sie keine Schraubenzieher als Hebel, da Sie sonst die Wanne verbiegen. Wenn der neue Heizstab eine eigene Dichtung hat, können

Sie die Dichtung notfalls auch mit einem Teppichmesser herausarbeiten (keine Gummistücke in der Wanne hinterlassen).

Für den Einbau gehen Sie in der umgekehrten Richtung vor:

1. Reinigen Sie die Wannenöffnung innen und außen, wo die Dichtung später sitzen wird.

2. Führen Sie zuerst den Heizstab wieder richtig ein und schieben Sie dann die Dichtung vorsichtig darüber, sodass ihre Nut rundherum gleichmäßig in der Wannenaussparung einrastet (vgl. Abbildung 3.20). Danach ziehen Sie die Quetschvorrichtung gut fest und schließen die Stromzuführung wieder an. Vergessen Sie dabei keinesfalls, den Schutzleiter wieder anzuschließen.

Austausch: Magnetventile (Abbildung 3.22)

Neupreis	unter 50 €
Zeitaufwand	Austausch unter 20 Minuten; Instandsetzung 20 Minuten
Ersatzteil	Weitgehend standardisiert, daher auch gebraucht verwendbar – jedoch auf Winkel, Auslassreduzierung (!) und Befestigung achten.
Anmerkung	Austausch ist selten wirklich erforderlich, denn Magnetventile lassen sich gut warten, falls nicht gerade die Wicklung defekt ist oder Risse in der Membran erkennbar sind. Magnetventile benötigen einen gewissen Mindestwasserdruck, um sicher zu schalten.

Die Widerstandsmessung an der Spule eines Magnetventils sollte 3 bis 5 kΩ je Wicklung ergeben. Meist ist die Wicklung noch intakt und nur eine Reinigung des Innenlebens erforderlich.

Austausch: Laugenpumpe (vgl. Abbildungen 3.21, 3.22)

Neupreis	oft bis 150 €
Zeitaufwand	unter 20 Minuten
Ersatzteil	*Neu:* Da das Pumpengehäuse der in den meisten Waschmaschinen zu findenden Laugenpumpen ein Stück mit dem Flusensieb bildet, ist passender Ersatz nur vom Hersteller erhältlich. *Gebraucht:* Gegen den Einbau eines intakten gebrauchten Modells von einer anderen Maschine gleichen Typs ist nichts einzuwenden, sofern alles passt. Versuchen Sie aber nicht, eine Pumpe ohne Flusensieb einzubauen, das gibt nur Ärger und Verstopfungen am Flügelrad der Pum-

	pe sowie im Abfluss.
Anmerkung	Pumpengehäuse lässt sich öffnen und reinigen, Lager und Achsdichtung immer fetten.

Eine Widerstandsmessung an den beiden Wicklungsanschlüssen gibt Aufschluss darüber, ob der Motor elektrisch noch intakt ist. Defekte lassen sich meist bereits an Verfärbungen erkennen.

Abb. 3.22: Magnetventil und Waschmaschinenpumpe, kombiniert mit Flusensieb

Eine ausführliche Anleitung für den Ausbau, die Instandsetzung sowie den Einbau finden Sie in dem Abschnitt über Spülmaschinen auf Seite 96.

Aus Zwei mach Eins

Bei älteren Modellen sind die Chancen oft schlecht, noch eine passende Laugenpumpe mit Flusensieb im Handel aufzutreiben. In diesem Fall versuchen Sie Folgendes:

*1. **Pumpe fest**: Instandsetzung der Pumpe nach allen Regeln der Kunst: gängig machen, entkalken, Dichtung und Lager fetten, Pumpengehäuse reinigen.*

*2. **Spule durchgebrannt**: Spaltpolmotor demontieren und Rotor samt*

Tipp

Anhang auf passendes Blechpaket mit Feldwicklung von anderer Pumpe montieren. Da die Motoren selbst relativ gleich gebaut sind, dürfte das „Ersatzteil" nicht schwer zu finden sein. Der Luftspalt zwischen den Blechen der Feldwicklung und dem Rotor sollte aber gleich bleiben. Ist er zu groß, hat die Pumpe keine Kraft und wird heiß, ist er zu klein, schleift der Anker.

Tipp

Austausch: Festtemperaturthermostat (Abbildung 3.23)

Neupreis	unter 10 €
Zeitaufwand	unter 10 Minuten
Ersatzteil	Weitgehend standardisiert, wenn kein Temperaturaufdruck, Schalttemperatur des Originalersatzteils in Erfahrung bringen.
Anmerkung	Schaltleistung sollte mindestens 10 A betragen.

Festtemperaturthermostate sind Bimetallschalter (vgl. Abschnitt „Sensoren: Thermostaten, Bimetallschalter, Druckschalter", Seite 48) und stecken meist ohne eigene Verschraubung im Boden der Spülwanne – gehalten durch eine engsitzende Dichtung. Vor dem Ausbau von Mehrfachthermostaten müssen Sie die Anschlusskabel bezeichnen. Für den Wiedereinbau sollten Sie die Dichtung gut reinigen, leicht einfetten (Glycerin oder Spülmittel tun es auch) und auf einen festen Sitz achten.

Reparaturanleitungen

3

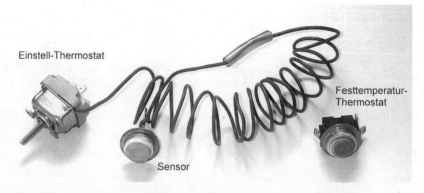

Einstell-Thermostat

Festtemperatur-
Thermostat

Sensor

Abb. 3.23: Thermostaten einer Waschmaschine mit kontinuierlicher Temperatureinstellung

Austausch: Einstell-Thermostat (Abbildung 3.23)

Neupreis	meist unter 40 €
Zeitaufwand	unter 30 Minuten
Ersatzteil	*Neu:* Am besten Originalersatzteil (obwohl weitgehend standardisiert); auf Drahtlänge des Messfühlers achten.
	Gebraucht: Wenn das Teil mechanisch passt, ist darauf zu achten, dass auch die Temperaturskala einigermaßen stimmt. Dazu Messfühler in Wasser bekannter Temperatur tauchen und Einstell-Thermostat gegebenenfalls per Einstellschraube eichen.
Anmerkung	Schaltleistung sollte mindestens 16 A betragen.

Einstellthermostaten bestehen aus Einstellmechanismus und Messfühler mit längerem Kapillardraht. Der Einstellmechanismus mit den Schaltkontakten sitzt direkt unter dem Temperatureinstellknopf, gehalten durch zwei oder drei Schrauben, der Messfühler dagegen im unteren Teil der Wanne – in der Nähe des Heizstabs. Er lässt sich normalerweise einfach aus der Dichtung herausziehen. Ein häufiger Defekt neben evtl. behebbaren Kontaktschwächen des Schalters ist eine Unterbrechung oder ein Knick des Kapillardrahts, ausgelöst durch heftige Bewegungen der Waschtrommel beim Schleudern oder durch unerwünschte Interaktion mit dem Keilriemen. Bezeichnen Sie vor dem Abziehen der Steckkontakte die Anschlussdrähte. Beim Wiedereinbau achten Sie auf eine spiralige und geschützte Führung des Messdrahtes, damit er auch starke Schwingungen der Trommel gut ausgleichen kann, ohne zu knicken, zu reißen oder zu scheuern.

Austausch: Hauptmotor (Abbildung 3.24)

Neupreis	je nach Modell um die 180 €
Zeitaufwand	unter 20 Minuten
Ersatzteil	*Neu:* Originalersatzteil verwenden.
	Gebraucht: Empfehlenswert, da die Motoren (bis auf Kohlen) weitgehend verschleißfrei sind; Kompatibilität des Anschlusssteckers und der Befestigung muss gewährleistet sein, natürlich sollten auch die Schleuderdrehzahlen gleich sein.
Anmerkung	Defekte sind selten; Austausch lohnt oft nicht, Überholung ist aber möglich. Zuerst Kondensator bzw. Kohlen prüfen, falls vorhanden.

Um die Wicklungen des Hauptmotors durchzumessen, ist kein Ausbau erforderlich, bei manchen Modellen noch nicht einmal für den Austausch der Kohlen.

Der Ausbau des Hauptmotors ist geradlinig:

Reparaturanleitungen

3

1. Kippen Sie das Gerät in die „stabile Seitenlage", damit Sie gut und sicher arbeiten können.

2. Ziehen Sie den Anschlussstecker ab und lösen Sie den gegebenenfalls extra angeklemmten Schutzleiter.

3. Lockern Sie die Spannvorrichtung für den Keilriemen und nehmen Sie diese ab.

4. Entfernen Sie die Befestigungsschrauben des Motors und nehmen Sie ihn dann vorsichtig heraus.

Der Einbau geschieht in umgekehrter Reihenfolge. Als letztes sollten Sie den Keilriemen anbringen und gut spannen (vgl. nächster Abschnitt).

Abb. 3.24: Hauptmotor einer Waschmaschine und Entstörglied

Austausch: Keilriemen (Abbildung 3.25)

Neupreis	unter 10 €
Zeitaufwand	unter 10 Minuten
Ersatzteil	Bezeichnung auf altem Keilriemen aufgedruckt, auf Länge und Breite achten, Hersteller egal
Anmerkung	Vor Einbau Trommellager auf Leichtgängigkeit prüfen.

Der Keilriemen ist eines der Sorgenkinder einer Waschmaschine. Er springt gerne mal raus, wenn

> sich ein Kleidungsstück zwischen Trommel und Wanne verirrt hat und die Trommel bremst

> das Flusensieb verstopft ist und der Schleudergang beginnt, obwohl noch nicht alles Wasser abgepumpt ist.

> das Trommellager schwergängig geworden ist

> sich der Keilriemen aufgrund von Alterung geweitet hat. Das ist an sich nichts Schlimmes. Die Tatsache, dass er freiwillig abspringt, besagt aber, dass es mit dem schlichten Wiederauflegen allein nicht getan ist: Er muss nachgespannt werden. Die Spannvorrichtung sitzt direkt am Hauptmotor.

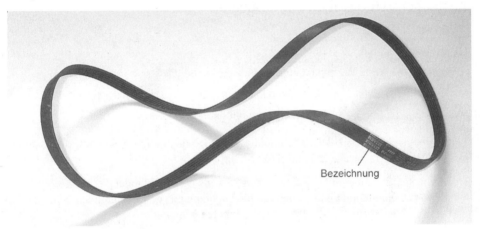

Bezeichnung

Abb. 3.25: Moderner verschleißarmer Mehrfachkeilriemen einer Waschmaschine

Oft wird der alte Keilriemen aber auch gerissen sein. Vor dem Einbau des neuen Keilriemens lockern Sie die Spannvorrichtung am Hauptmotor. Der Keilriemen lässt sich leichter aufziehen, wenn Sie den Motor etwas anheben. Sobald der Riemen gleichmäßig in seiner Führung sitzt, können Sie die Spannvorrichtung wieder gut befestigen. Die Keilriemenspannung ist richtig, wenn Sie den Keilriemen mit einer Hand bei einem Druck von etwa zwei Kilo ein bis zwei Zentimeter zusammendrücken können. Zu starke Spannung fördert den Verschleiß, zu schwache ebenso.

Austausch: Druckschalter (Abbildung 3.14)

Neupreis	unter 25 €
Zeitaufwand	unter 10 Minuten

Ersatzteil	Möglichst Original verwenden, da Schaltpunkte unterschiedlich sind.
Anmerkung	Selten defekt, meist nur Druckmessschlauch bzw. Entlüftungsschlauch verstopft. Schaltpunkteinstellung durch Höhenverstellung sowie über Justierschrauben möglich, jedoch nicht sinnvoll.

Um einen Druckschalter zu prüfen, klemmen Sie den Druckmessschlauch mit den Fingern ab und pusten in den Entlüftungsschlauch. Die Schaltpunkte sind deutlich als Klicken zu hören und müssen sich elektrisch per Widerstandsmessgerät nachweisen lassen.

Vor dem Ausbau unbedingt Anschlusskabel bezeichnen, dann Befestigung und Druckschlauch lösen. Der Einbau geht in umgekehrter Weise vor sich.

Austausch: Türdichtung bei Frontladern

Neupreis	unter 30 €
Zeitaufwand	unter 30 Minuten
Ersatzteil	*Neu*: Wichtig ist, dass Durchmesser der Dichtungsringe stimmen. *Gebraucht*: Austausch lohnt nur, wenn Ersatz nicht schon porös.
Anmerkung	Poröse Stelle kann nach oben gedreht werden.

Türdichtungen bei Frontladern altern und bekommen dann leicht Risse aufgrund von Porösität. Der Ausbau geschieht in zwei Schritten:

1. Lösen Sie den äußeren Befestigungsring, der als Schlauchbinder oder schlicht als Federring ausgebildet ist und ziehen Sie die Dichtung aus der umlaufenden Nut. Nun haben Sie Zugang zum Schlauchbinder des inneren Rings.
2. Lösen Sie den wannenseitigen Schlauchbinder und ziehen Sie die Dichtung rund herum ab.

Vor dem Wiedereinbau säubern Sie die innere Kontaktfläche gut und schmieren die Dichtflächen sparsam mit Spülmittel ein. Die äußere Kontaktfläche bedarf keiner Reinigung. Dann setzen Sie das Gummi korrekt ein, ziehen den inneren Befestigungsring wieder fest und dann den äußeren.

Reparaturanleitungen

3

Federring

Abb. 3.26: Türdichtung eines Frontladers – sie wird mit einem Federring oder einem groß-kalibrigen Schlauchbinder an beiden Seiten befestigt

Austausch: Programmschaltwerk

Neupreis	nicht unter 150 €
Zeitaufwand	über 1 Stunde
Ersatzteil	Nur Originalersatzteil
Anmerkung	Reparatur oder Austausch mechanischer Schaltwerke lohnt meist nicht, da sehr knifflig und schwierig. Die Instandsetzung einer elektronischen Steuerung ist hingegen oft einfach.

Manchmal sind an einem Programmwahlschalter, von außen gut zu sehen, nur einige Kontakte verbrannt (etwa welche für die Heizung). In diesem Fall können Sie eine Reinigung mit feinem Werkzeug versuchen. Die heilende Wirkung hält im Allgemeinen aber nicht lange an. Besser ist der Ringtausch mit einem weniger belasteten, noch intakten Kontakt, was jedoch meist nicht so ohne weiteres möglich ist.

Vom Austausch des nur als teueres Originalersatzteil beziehbaren Programmschaltwerks ist eher abzuraten, vom Zerlegen erst recht. Wer sich dennoch rantraut, der erstelle sich eine genaue Zeichnung *aller* Kabelanschlüsse und bezeichne die Kabel, wenn die Farbgebung mehrdeutig ist. Evtl. müssen Lötbrücken hergestellt werden. Wenn der elektrische Teil erledigt ist, bleibt noch die Ankopplung der mechanischen Elemente. Für die Wiederinbetriebnahme muss der korrekte Funktionsablauf des Geräts kritisch überprüft werden.

Anders bei Elektronikmodulen. Hier kann eine Reparatur unter Beachtung der Hinweise in Teil D dieses Buchs zu guten Erfolgen führen. Begutachten Sie die Steckverbindungen, prüfen Sie die Relaiskontakte und messen Sie Transistoren, Triacs, Dioden sowie größere Widerstände durch. Wenn Sie Glück haben, kostet die Reparatur nur einige Cent.

Reparaturanleitungen

3

Mechanische Programmschaltwerke mit kleineren Wackelkontakten können unter Umständen durch einen kräftigen Schuss Kontaktspray wieder funktionstüchtig gemacht werden, dabei sollte der Programmschalter mehrmals manuell gedreht werden. Vor der Wiederinbetriebnahme müssen Sie eine gute halbe Stunde warten, bis das leitende Kontaktspray vollständig verflogen ist. Diese „Reparatur" hält aber meist nicht sehr lange. Besser – aber oft diffizil oder nicht durchführbar – ist eine begleitende mechanische Reinigung der Kontakte.

Fehlerbilder einer Waschmaschine

Fehlerbild	Anzeige leuchtet nicht und absolut keine Funktion.
mögliche Ursachen	Stromzuführung ist unterbrochen, meist mechanischer Fehler am Türschalter. Sonst: Türschalterkontakte, Zuleitung, Einschalter, Sicherung, evtl. Gerätesicherung, Aquastop, Steuerung (Programmwahlschalter).
Abhilfe	Stromversorgung überprüfen. Türschalter „per Hand" auslösen (keinesfalls dauerhaft überbrücken!!!) und gegebenenfalls justieren, in Stand setzen oder austauschen. Strompfade und Schalter durchmessen und ggf. reinigen oder ersetzen. (Programmschalter sind teuer, sodass der Austausch eher nicht lohnt – auch ist er kaum selbst zu bewerkstelligen.)
Fehlerbild	Gerät elektrisiert bei Berührung.
mögliche Ursachen	Kriechstrom durch Feuchtigkeit und Schutzerdung nicht vorhanden; evtl. hat das Heizelement einen Isolationsschaden; elektrischen Anschluss sowie Zuleitung überprüfen (vgl. die entsprechenden Abschnitte in [1] oder [2] im Literaturverzeichnis)
Abhilfe	Gerät trocknen, Lecks beseitigen und Funktionsfähigkeit des Schutzleiters unbedingt wieder herstellen; Heizstab überprüfen und ggf. auswechseln.
Fehlerbild	Keine Funktion (evtl. zuerst kurzes Abpumpen, Anzeige leuchtet und Magnetventil summt leise).
mögliche Ursachen	Kein Wasserzulauf.
Abhilfe	Wasserdruck, Wasserhahn, Platzschutzventil prüfen.
mögliche Ursachen	Sieb am Magnetventil verstopft, Magnetventil schaltet nicht oder ist verstopft (mechanischer Defekt).
Abhilfe	Auf leises Klicken achten. Wenn Wasserdruck vorhanden, Sieb reinigen,

	Ventil in Stand setzen oder austauschen (bei Doppelventil auf richtige Anschlussfolge achten).
Fehlerbild	Evtl. zuerst kurzes Abpumpen, Anzeige leuchtet, jedoch keine weiteren Geräusche.
mögliche Ursachen	Aquastop (falls vorhanden) hat auf Feuchtigkeit reagiert (meist) oder ist selbst defekt (selten).
Abhilfe	Druckschlauch überprüfen, ggf. Einheit austauschen.
mögliche Ursachen	Magnetventil schaltet nicht (elektrischer Defekt).
Abhilfe	Spule des Magnetventils durchmessen, Kabelzuführung überprüfen und ggf. austauschen (bei Doppelventil auf richtige Anschlussfolge achten).
Fehlerbild	Wasser ist eingelaufen, keine Umwälzung, kein Geräusch aus dem Programmschalter.
mögliche Ursachen	Programmschalter hängt mechanisch oder hat Kontaktfehler.
Abhilfe	Programmschalter sind teuer, sodass der Austausch meist nicht lohnt – auch ist er kaum selbst zu bewerkstelligen.
Fehlerbild	Wasser ist eingelaufen, keine Umwälzung, Programmschalter tickt, Wasser wird geheizt.
mögliche Ursachen	Motor defekt oder Zuleitung unterbrochen.
Abhilfe	Funktionsfähigkeit des Hauptmotors prüfen, wenn erforderlich in Stand setzen (vgl. Abschnitt „Kurzschlussläufer", Seite 58).
mögliche Ursachen	Umschalter für Drehrichtungsumkehr des Motors defekt.
Abhilfe	Kontakte reinigen, Mechanik in Stand setzen oder Austausch.
Fehlerbild	Motor brummt stark, wälzt aber nicht um.
mögliche Ursachen	*Bei Kurzschlussläufer*: Kondensator defekt, oder Zuleitung zu Kondensator unterbrochen (Stecker am Motor prüfen). *Bei Universalmotor*: Funkenlöschkondensator durchgeschlagen, Feldwicklung durchgebrannt (selten), Ankerwicklung hat Schluss.
Abhilfe	Kondensator prüfen und gegebenenfalls austauschen, Austausch des Motors lohnt meist nicht.
mögliche	Lagerschaden an Motor oder Trommel (Holzboden? Dann ist es sicher

3

Ursachen	das Trommellager).
Abhilfe	Trommellager überprüfen, ggf. austauschen; Motorlager gängig machen und fetten; meist liegt starke Korrosion aufgrund von Leck vor, daher Leck suchen und abdichten.
mögliche Ursachen	Kleidungsstück zwischen Trommel und Wanne gerutscht.
Abhilfe	Kleidungsstück z.B. mit Taschenlampe lokalisieren und mit Stricknadel o.ä. durch Trommellöcher stechen und schrittweise herausschieben. Falls das nicht möglich ist, Heizstab entfernen und das Hindernis durch Montageöffnung mit gebogenem Draht herausholen.
Fehlerbild	Motor hat normales Laufgeräusch, Trommel dreht nicht oder nur wenig, evtl. quietschendes Geräusch.
mögliche Ursachen	Keilriemen gerissen, abgefallen oder zu locker.
Abhilfe	Keilriemen nachspannen bzw. erforderlichenfalls austauschen; Trommellager überprüfen (lässt sich Trommel leicht drehen?).
Fehlerbild	Trommel dreht nur in eine Richtung.
mögliche Ursachen	Umschalter für Motorlaufrichtung ist mechanisch defekt oder hat Kontaktschwäche.
Abhilfe	Kontakte reinigen, Mechanik in Stand setzen oder Austausch.
mögliche Ursachen	Kleidungsstück zwischen Trommel und Wanne gerutscht.
Abhilfe	Kleidungsstück z.B. mit Taschenlampe lokalisieren und mit Stricknadel o.ä. durch Trommellöcher stechen und schrittweise herausschieben. Falls das nicht möglich ist, Heizstab entfernen und das Hindernis durch Montageöffnung mit gebogenem Draht herausholen.
Fehlerbild	Trommel dreht sich, Waschvorgang ist endlos.
mögliche Ursachen	Heizstab defekt.
Abhilfe	Heizstab durchmessen und ggf. austauschen.
mögliche Ursachen	Ein Festtemperaturthermostat ist defekt.
Abhilfe	Alle Thermostaten überprüfen und bei Defekt austauschen.
Fehlerbild	Wäsche wird nicht richtig sauber.

Reparaturanleitungen

3

mögliche Ursachen	Flusensieb oder Wasserablauf verstopft, Ablaufpumpe fest, oder defekt.
Abhilfe	Flusensieb reinigen, Wasserablauf überprüfen, Pumpenfunktion sicherstellen. Pumpe evtl. demontieren und reinigen oder austauschen.
Fehlerbild	Gerät dampft nach 20 Minuten Betriebsdauer stark und Waschwasser beginnnt zu sieden (evtl. bei nur bei bestimmten Programmen) und Waschvorgang ist endlos.
mögliche Ursachen	Thermostat schaltet die Heizung nicht ab; Ist Einstell-Thermostat in Richtung Kochwäsche überdreht, oder Messfühler nicht an Ort und Stelle?
Abhilfe	Alle Thermostaten testen und bei Defekt austauschen.
Fehlerbild	Wasserzulauf findet kein Ende (nach einiger Zeit Wasseraustritt über Waschmittelkammer).
mögliche Ursachen	Magnetventil ist mechanisch defekt (meist verkalkt oder Dichtung porös).
Abhilfe	Ventil in Stand setzen oder austauschen (bei Doppelventil auf richtige Anschlussfolge achten). Gerät nach Reparatur einige Waschgänge lang nicht aus den Augen lassen, um Wasserschaden vorzubeugen.
mögliche Ursachen	Füllstandschalter ist defekt oder Druckschlauch verstopft.
Abhilfe	Funktion messtechnisch überprüfen, Schläuche und Zulaufkanal säubern.
Fehlerbild	Gerät verliert Wasser während des Waschvorgangs.
mögliche Ursachen	Verhärtete Waschmittelreste in Waschmittelkammer stauen zulaufendes Wasser, oder Wasser spritzt wegen Verkalkung des Zulaufweges daneben.
Abhilfe	Wasserzulaufweg überprüfen (Wasserspur lässt sich durch Sichtkontrolle gut verfolgen, auf Waschmittelreste achten).
mögliche Ursachen	Türgummi verschmutzt, porös oder beschädigt.
Abhilfe	Reinigen und ggf. austauschen.
mögliche Ursachen	Schlauch, Schlauchverbindung oder Dichtung schadhaft (oft auch Pumpendichtung).
Abhilfe	Leck suchen z.B. anhand von Kalkspuren. Bei defekter Pumpendichtung wird meist eine neue Pumpe fällig.

Reparaturanleitungen

3

Fehlerbild	Funktion gestört, zum Beispiel Waschvorgang wird nicht beendet, Maschine steht, Weiterdrehen des Programmschalters „per Hand" hilft oder eine Waschmittelkammer wird nicht geleert.
mögliche Ursachen	meist Programmschalter defekt.
Abhilfe	Programmschalter sind teuer, so dass der Austausch meist nicht lohnt – auch ist er kaum selbst zu bewerkstelligen.
mögliche Ursachen	Evtl. zweites oder drittes Magnetventil defekt oder Türschalter wacklig/dejustiert.
Abhilfe	Funktion aller Ventile sicherstellen und Ventile ggf. austauschen (bei Mehrfachventil auf richtige Anschlussfolge achten).
Fehlerbild	Gerät wandert beim Schleudern oder rumpelt stark; Wasser wird nicht richtig abgepumpt.
mögliche Ursachen	Flusensieb verstopft, Pumpe fest oder Ablaufschlauch geknickt bzw. verstopft (evtl. zusätzlich Schleudermotor wegen Überlastung defekt geworden).
Abhilfe	Flusensieb, Wasserablauf, Pumpe reinigen oder in Stand setzen.
Fehlerbild	Gerät wandert beim Schleudern und rumpelt stark; Wasser wird aber abgepumpt.
mögliche Ursachen	Wäsche ist verklumpt oder zu wenige Wäsche in der Maschine, dadurch starke Unwucht (das ist kein Fehler sondern kann mal vorkommen; evtl. Stand nicht waagrecht oder wacklig aufgestellt; Holzboden? Na, dann bald Trommellager ade).
Abhilfe	Vorgeschriebene Menge an Wäsche in die Trommel packen; zu Verklumpung neigendes Waschgut in Stoffbeutel (beispielsweise Kissenbezug) waschen; Waschmaschine auf festen Boden stellen, ins Wasser bringen und Beinchen für festen Stand austarieren.
mögliche Ursachen	Federaufhängung oder Stoßdämpfer losgerissen, Stoßdämpfer ausgeschlagen.
Abhilfe	Aufhängung der Wanne prüfen; Stoßdämpfer gegebenenfalls austauschen.
Fehlerbild	Gerät schleudert nicht.
mögliche Ursachen	Wolle- oder Feinwaschgang eingeschaltet? Eventuell klemmt Schalter oder Schaltfunktion defekt.
Abhilfe	Schalter checken und gegebenenfalls warten.

mögliche Ursachen	Wasserablauf verstopft oder Pumpe fest (Füllstandschalter gibt Schleuderfunktion nicht frei).
Abhilfe	Flusensieb, Wasserablauf und Pumpe überprüfen.
mögliche Ursachen	Kohlen des Motors abgenutzt; Motor defekt.
Abhilfe	Kohlen bzw. Motor überprüfen und ggf. austauschen.
mögliche Ursachen	Programmschalter defekt.
Abhilfe	Wenn möglich, Schaltkontakte auf Verbrennung überprüfen und reinigen, wenn Schleudermotor trotzdem keine Spannung erhält, nur der Austausch des Programmschalters (Programmwahlschalter sind teuer, sodass der Austausch meist nicht lohnt – auch ist er kaum selbst zu bewerkstelligen).
mögliche Ursachen	Überstromschutzschalter des Motors hat abgeschaltet, da Belastung zu hoch, evtl. abgenutzter Keilriemen bei Anlauf gerissen.
Abhilfe	Prüfen, ob Wasser richtig abgepumpt wird (Flusensieb verstopft?) und ob Trommel frei drehen kann. Überstromschutzschalter überprüfen.
Fehlerbild	Tür lässt sich nicht mehr öffnen.
mögliche Ursachen	Verriegelungsmechanik hat Verzögerungszeit bis zu zwei Minuten; Mechanik kann defekt sein, Spule oder Zuleitung von Hubmagnet unterbrochen, Anker fest.
Abhilfe	Entriegelung per Seilzug (hinter Klappe für Flusensieb) öffnen – daran kann man sich gewöhnen und den Fehler fortan ignorieren; ansonsten sollten Sie versuchen, die Mechanik in Stand zu setzen, oder zumindest die Verriegelung außer Kraft zu setzen (Achtung, das ist ein Sicherheitsmerkmal).

Reparaturanleitungen

3

Tipp

Salatschüssel gefällig?

Bevor Sie Ihr altes Gerät entsorgen (Achtung, alte Kondensatoren enthalten das Umweltgift PCB!), bauen Sie beim Frontlader zumindest noch den Glaseinsatz der Tür aus. Die so gewonnene Salatschüssel oder Auflaufform wird Sie dann noch länger an die treuen Dienste der Maschine erinnern. Auch sollten Sie zumindest die Laugenpumpe und die Magnetventile ausbauen (sofern noch in Ordnung) – wer weiß, an was die nächste Waschmaschine bald leiden wird.

Wäschetrockner

Wäschetrockner verwenden elektrische Energie zum Trocknen von Wäsche – vom Standpunkt der Energieeinsparung her eine Katastrophe. Dennoch, sie werden gekauft ... und gehen kaputt. Zu unterscheiden sind im Wesentlichen zwei Bauarten: der Umlufttrockner (Ablufttrockner) und der Kondensationstrockner. Beide Gerätearten besitzen wie die Waschmaschine eine drehbare Trommel für die Wäscheumwälzung. Ein Gebläse sorgt dafür, dass die Trommel von aufgeheizter trockener Luft durchströmt wird, die die Feuchtigkeit aus der Wäsche zieht – ganz so, wie ein frischer Sommerwind. Ein routinemäßig zu säuberndes Fusselfilter fängt den unvermeidlichen Abrieb der Textilen wirksam auf.

Umlufttrockner heizen über eine thermostatgesteuerte Heizwendel die angesaugte Raumluft auf und pusten sie durch die Wäsche wieder in den Raum. Das an sich einfache Prinzip hat den Nachteil, dass die feuchte Abluft im Raum verbleibt und die Bildung von Kondensationswasser an Wänden und Einrichtungsgegenständen hervorruft, wenn kein nach außen führendes Abluftrohr verwendet wird. Zudem erniedrigt das Ansaugen bereits feuchter Luft den Wirkungsgrad der Maschine, was einen erhöhten Energiebedarf sowie höhere Trocknungszeiten bedeutet.

Beim Kondensationstrockner bildet die Trocknungsluft dagegen einen Kreislauf. Die aufgeheizte Luft passiert die Wäsche, nimmt dort Feuchtigkeit auf und gelangt dann in eine luft- oder wassergekühlte Kondensationskammer, wo die Feuchtigkeit wieder „abregnen" kann. Von dort aus wird sie wieder angesaugt usw.

Luftkühler verwenden ein zweites Gebläse, das die Raumluft getrennt von der Trocknungsluft durch die Kondensationskammer wieder in den Raum bläst. Das durch den Kondensationsprozess frei werdende Wasser gelangt in ein öfter zu leerendes Auffanggefäß. Wasserkühler erreichen die notwendige Kühlung durch ständigen Kaltwasserzulauf aus einem Wasserhahn. Eine Pumpe fördert das um das Kondensat angereicherte Frischwasser weiter in den Abfluss. Der Anschluss eines Kondensationstrockners mit Wasserkühlung entspricht damit dem einer Waschmaschine. Auch die Anschlussleistung von ca. 3000 Watt ist vergleichbar (zum Anschluss vgl. Abschnitt „Waschmaschinen", Seite 108).

Umlufttrockner und Kondensationstrockner mit Luftkühlung benötigen nur einen elektrischen Anschluss sowie gegebenenfalls einen Abluftkanal und sind damit unabhängig von einem Wasseranschluss. (Bei einer Leistung von 3000 Watt sollte der Stromkreis auf 16 A ausgelegt sein.)

Umlufttrockner

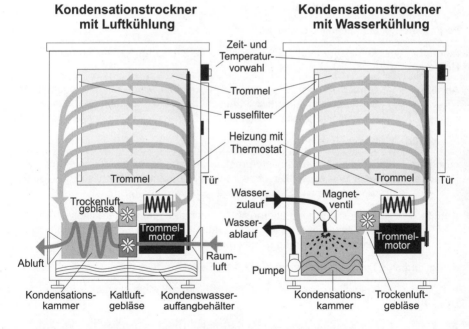

Kondensationstrockner mit Luftkühlung

Kondensationstrockner mit Wasserkühlung

Abb. 3.27: Die verschiedenen Trocknerarten

Energiespartipp

Setzen Sie folgende Anzeige in die Zeitung:

„Verkaufe umständehalber Wäschetrockner der Marke ... usw."

und trocknen Sie Ihre Wäsche fortan wieder im Heizungskeller, auf dem Boden, auf dem Balkon, im Bad über der Badewanne oder in einem beheizten gut belüfteten Zimmer. Kein Platz? Na, der Platz für den Trockner ist schon mal frei geworden.

Der Umlufttrockner besteht damit mindestens aus den Bauteilen: Türschalter, Gebläse, Trommelmotor mit Keilriemen, Heizwendel, Thermostat und Zeitschalter. Für den Kondensationstrockner kommt entweder ein weiteres Gebläse hinzu oder ein Magnetventil und eine Abwasserpumpe evtl. mit Pegelschalter. Neuere Geräte, bei denen der Trocknungsgrad der Wäsche eingestellt werden kann, besitzen zusätzliche Elektronik und Feuchtigkeitssensoren.

Fehlerbilder eines Trockners

Fehlerbild	Gerät elektrisiert bei Berührung.
mögliche Ursachen	Kriechstrom durch Feuchtigkeit und Schutzerdung nicht vorhanden.
Abhilfe	Gerät trocknen und Funktionsfähigkeit des Schutzleiters unbedingt wieder herstellen, elektrischen Anschluss sowie Zuleitung·überprüfen (vgl. die entsprechenden Abschnitte in [1] oder [2] im Literaturverzeichnis).
Fehlerbild	Keine Funktion.
mögliche Ursachen	Stromzuführung ist unterbrochen, meist mechanischer Fehler am Türschalter – sonst: Türschalter (elektrisch), Zuleitung, Zeitschalter, Steuerungselektronik, Sicherung, evtl. Gerätesicherung.
Abhilfe	Stromversorgung überprüfen. Türschalter „per Hand" auslösen (keinesfalls dauerhaft überbrücken!) und ggf. justieren. Strompfade und Schalter durchmessen und ggf. reinigen oder ersetzen.
Fehlerbild	Trommel dreht nicht, Gebläse arbeitet.
mögliche Ursachen	Keilriemen gerissen oder abgesprungen; Trommelmotor defekt.
Abhilfe	Keilriemen aufsetzen bzw. tauschen; Überprüfung des Motors.
Fehlerbild	Trommel läuft unruhig oder schabendes Geräusch.

mögliche Ursachen	Zuviel Wäsche, Keilriemen verschlissen, Trommellager schwergängig, Aufhängung defekt.
Abhilfe	Wartung, ggf. Austausch.
Fehlerbild	Gerät arbeitet „normal", Wäsche trocknet nicht oder schlecht.
mögliche Ursachen	Fusselfilter dicht.
Abhilfe	Reinigen bzw. austauschen.
mögliche Ursachen	*Bei Kondensationstrockner:* Kaltluftgebläse nicht in Ordnung, evtl. Ansaugstelle verstellt, Wasserzulauf fehlt weil Wasserhahn geschlossen oder Magnetventil defekt.
Abhilfe	Gebläse oder Wasserzulauf in Stand setzen.
mögliche Ursachen	Prüfen, ob Wäsche warm wird. Wenn nein, Thermostat, Heizung oder Steuerungselektronik defekt.
Abhilfe	Verkabelung überprüfen, gegebenenfalls Thermostat bzw. Heizung austauschen, Steuerungselektronik warten.
Fehlerbild	Wasseraustritt.
mögliche Ursachen	*Bei Luftkühler:* Wasserbehälter voll; bei Wasserkühler Ablauf verstopft. *Bei Kondensationstrockner:* Pumpe defekt oder Kreislauf undicht.
Abhilfe	Wasserbehälter leeren und Kondensationskammer auf Verschmutzung überprüfen bzw. Pumpe und Dichtungen überprüfen.
Fehlerbild	Trocknungsvorgang endlos.
mögliche Ursachen	Steuerungselektrik oder Zeitschalter defekt.
Abhilfe	Überprüfung, ggf. Austausch.
Fehlerbild	Wäsche eingelaufen.
mögliche Ursachen	Evtl. Temperaturvorwahl falsch, sonst: Thermostat defekt.
Abhilfe	Thermostat prüfen und ggf. austauschen.

Reparaturanleitungen

3

Kühlschränke

Kühlschränke funktionieren nach dem Prinzip der Wärmepumpe. Das thermostatgesteuerte Kühlaggregat und der mit dem Kältemittel FCKW gefüllte Kühlkreislauf bilden ein geschlossenes System. Das durch einen Motor angetriebene Aggregat arbeitet als Kompressor gegen ein Kapillarrohr und verflüssigt das Kältemittel per Druck, das sich dabei stark erwärmt. Auf dem Weg zum Kapillarrohr passiert es einen an der Rückwand des Kühlschranks befindlichen „Kondensator" (schwarze Rohrschlange mit Kühlrippen), wo es einen guten Teil der aus dem Inneren des Kühlschranks transportierten und durch die Verdichtung in der Temperatur hochgesetzten Wärme an die Raumluft abgeben kann. Nach dem Kapillarrohr gelangt es in den Verdampfer, wo es expandiert und durch den starken Druckabfall in den gasförmigen Zustand übergeht. Der Verdampfer ist die kälteste Stelle im Kühlschrank und neigt dazu, stark zu vereisen, da Feuchtigkeit an ihm kondensiert und sofort gefriert. Druckabfall und gleichzeitiger Wechsel des Aggregatzustands bewirken eine starke Abkühlung des Gases, das nun im Inneren des Kühlschranks über die Kühlrippen Wärme aufnehmen kann. Dort unterliegt es wiederum der Saugwirkung des Kompressors und transportiert gleichzeitig die aufgenommene Wärme nach außen. Der Kreislauf ist damit geschlossen.

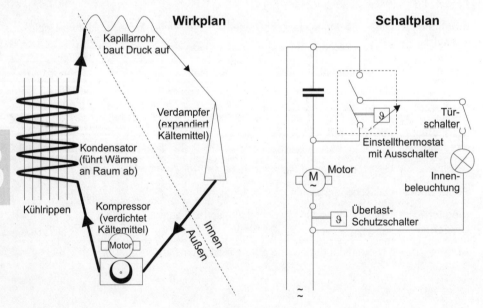

Abb. 3.28: Wirkungsprinzip eines Kompressoraggregats und Schaltplan eines Kühlschranks

*Öffnen oder beschädigen Sie keinesfalls das Kühlsystem, da das **umweltgiftige** Kältemittel sofort und unaufhaltsam in die Luft entweicht. Arbeiten am Kühlsystem können nur speziell eingerichtete Fachbetriebe durchführen und sind nur für teuere Geräte rentabel.*

Verwenden Sie zur Unterstützung des Abtauens weder scharfe Gegenstände (wie Messer oder Schraubenzieher) noch Gewalt. Der Kühlkreislauf ist schneller beschädigt als Sie vielleicht denken.

Aus der Sicht der Elektrik haben wir es beim Standardkühlschrank mit wenigen Komponenten zu tun. Motor (in der Regel zusammen mit dem Kompressor hermetisch eingekapselt und unzugänglich) mit Überlastschutz (Bimetallschalter), Einstellthermostat mit Messfühler, Entstörkondensator, Türschalter und Beleuchtung. Modernere Kühlschränke sind zusätzlich mit halb- oder vollautomatischen Abtauvorrichtungen ausgerüstet. Halbautomatische Abtauvorrichtungen werden manuell ausgelöst und sind rein mechanisch durch einen mit dem Thermostat gekoppelten Abtauknopf realisiert, der zusätzlich ein Abtauheizelement am Verdampfer einschalten kann. Der Wiederanlauf erfolgt dann nach ca. einer Stunde automatisch. Das Tauwasser sammelt sich in einem Behälter und muss manuell ausgeschüttet werden, oder es läuft durch ein Loch an der Hinterwand in eine auf dem Motor sitzende Wanne, wo es verdunstet. Bei manchen Modellen (speziell bei Eisschränken) unterstützen weiterhin Türdichtungsheizungen den Abtauvorgang.

Energiespartipps

Wussten Sie, dass Ihre Kühl- und Eisschränke die größten Energieverbraucher in Ihrem Haushalt sind und typischerweise 50% des Energieverbrauchs ausmachen, sofern nicht auch die Brauchwassererhitzung und die Heizung elektrisch funktionieren? Jedes Gerät verbraucht 1 bis 3 kWh am Tag, je nachdem wie groß es ist, wie gut es isoliert ist, wie oft es geöffnet wird und in welchem Raum es steht.

1. Kühlschrankplatz ist wertvoll. Wenn Sie mehrere Kühlschränke betreiben, versuchen Sie doch, einen Kühlschrank einzusparen indem Sie nur das kühlen, was auch gekühlt werden muss (Schnäpse und andere Getränke liegen oft lange Zeit unbeachtet im Kühlschrank und kosten nur Platz; viele Gemüsearten sowie Brot gehören nicht den Kühlschrank). Betreiben Sie den eingesparten Kühlschrank nur dann, wenn wirklich Bedarf vorliegt, beispielsweise im Sommer oder bei Partys – und dann in einem kalten Raum.

Tipp *2. Achten Sie beim Einkauf auf eine gute Energiebilanz des Geräts.*

3. Reparieren Sie Schäden an Isolation und Türdichtung sofort.

4. Stellen Sie jedes Kühlgerät so auf, dass es einen möglichst guten Wirkungsgrad erreichen kann: Gute Belüftung von unten und nach oben hin guter Luftabzug (Unterbaugeräte sind eine Katastophe); Zusätzliche Isolation von der Seite und von oben verbessern den Wirkungsgrad (beispielsweise Holz); Standort nicht neben Heizung, Herd, Spülmaschine, Waschmaschine; direkte Sonnenbestrahlung vermeiden. Ein guter Standort ist eine nach Norden gerichtete Außenwand in einem kühlen Raum.

5. Tauen Sie das Gerät in regelmäßigen Abständen ab – wenn sich Eis am Gefrierfach gebildet hat, auch mal außer der Reihe.

6. Betreiben Sie Ihren Eisschrank im kühlsten Raum des Hauses; führen Sie eine Inventarliste, das erspart „endlose Exkursionen im Eis".

Vollautomatische Vorrichtungen können beliebig kompliziert werden, da sie mit einem oder mehreren zusätzlichen Messfühlern arbeiten. Meist registrieren sie in relativ kurzen Abständen eine Vereisung am Verdampfer und tauen den Kühlschrank dann unbemerkt und schnell ab, ohne dass die Innentemperatur merklich sinkt.

Austausch der Birne und Reparatur des Türschalters

Neupreis	unter 2 €
Zeitaufwand	unter 5 Minuten
Ersatzteil	In jedem besser sortierten Elektrogeschäft oder Supermarkt.
Anmerkung	Auf Bauform achten.

Häufige Defekte sind ausgefallene Glühbirnen und Türschalter. Sie können relativ schnell behoben werden. Der Austausch der Birne ist absolut problemlos und kann nach Abnehmen der entweder geklemmten oder einfach verschraubten Milchglasverblendung erfolgen. Die Baugröße sollte natürlich passen und wenn Sie die Auswahl haben, nehmen Sie lieber ein leistungsschwächeres Exemplar, denn Glühbirnen erzeugen Wärme, die der Kühlschrank aufwändig wieder abpumpen muss.

Für den Ausbau des Schalters müssen Sie zuerst den Gerätestecker ziehen. Er ist eigentlich immer integraler Bestandteil der Thermostateinheit, deren Verschraubung Sie (evtl.

Reparaturanleitungen

3

nach Abziehen des Regelknopfs) lösen müssen. Vom Thermostaten führt ein Kapillardraht zum Messfühler. Achten Sie darauf, den Draht nicht zu knicken oder gar abzureißen. Er ist meist mit ein zwei Schrauben am Kühlfach angebracht, die Demontage kann aber auch kniffliger sein. Die im Inneren der Thermostateinheit häufig offen liegenden Schaltkontakte sind meist korrodiert und bedürfen der mechanischen Reinigung. Manchmal kann auch ein Nachbiegen nicht schaden.

Austausch: Thermostat

Neupreis	unter 40 €
Zeitaufwand	unter 30 Minuten
Ersatzteil	*Neu*: Am besten vom Hersteller des Geräts.
	Gebraucht: Thermostate aus anderen Kühlschränken sind gut verwendbar (eventuell gesamte Einheit mit Schalter, Lampenfassung und Türschalter übernehmen).
Anmerkung	Kapillardraht zum Messfühler nicht knicken.

Der Austausch eines defekten Thermostaten ist etwas schwieriger:

1. Ziehen Sie den Einstellknopf ab und lösen die Verschraubung der Thermostateinheit.

2. Bei mehr als zwei Anschlüssen am Thermostaten sollten Sie auf alle Fälle die Anschlussdrähte bezeichnen oder sich einen kleinen Schaltplan erstellen, in dem Sie die Adernfarben einzeichnen.

3. Bevor Sie den Thermostaten nach Lösen der Befestigungsschrauben und Anschlussdrähte ganz herausnehmen können, müssen Sie den meist gut versteckten Messfühler lokalisieren und aus seiner Halterung lösen.

Der Wiedereinbau geschieht in umgekehrter Reihenfolge.

Fehlerbilder eines Kühlschranks/Gefrierschranks

Fehlerbild	Gerät elektrisiert bei Berührung.
mögliche Ursachen	Kriechstrom durch Feuchtigkeit und Schutzerdung nicht vorhanden.
Abhilfe	Gerät trocknen und Funktionsfähigkeit des Schutzleiters unbedingt wieder herstellen, elektrischen Anschluss sowie Zuleitung überprüfen (vgl. die entsprechenden Abschnitte in [1] oder [2] im Literaturverzeichnis).
Fehlerbild	Gerät hat Kurzschluss oder stört Rundfunkgeräte.
mögliche	Entstörkondensator am Motor defekt.

Ursachen	
Abhilfe	Austauschen.
Fehlerbild	Lampe leuchtet nicht.
Mögliche Ursachen	Birne durchgebrannt oder Türschalter gibt keinen Kontakt.
Abhilfe	Birne austauschen, Türschalter warten.
Fehlerbild	Kühlt nicht, Lampe leuchtet aber.
Mögliche Ursachen	Thermostat defekt.
Abhilfe	Reinigung der Schaltkontakte versuchen, sonst Austausch.
Mögliche Ursachen	Motorüberlastschutz (am Anschlussstecker des Kompressormotors gelegen) defekt – als Folge eines Kompressorschadens. Im Allgemeinen Sichtdiagnose möglich, auf jeden Fall auch die Motorwicklungen durchmessen.
Abhilfe	Austausch zwar möglich, selten jedoch von dauerhaftem Erfolg gekrönt.
Fehlerbild	Motor brummt jeweils für einige Minuten und schaltet dann ab; keinerlei Kühlung.
mögliche Ursachen	Kondensator defekt oder Anschlusskabel ab (keine Kapazität).
Abhilfe	Kondensator durchmessen und gegen einen mit gleichen Werten austauschen.
mögliche Ursachen	Motor fest.
Abhilfe	Reparatur nur durch Fachbetrieb möglich, lohnt daher meist nicht.
Fehlerbild	Motor läuft im Minutenabstand kurz an, schaltet aber sogleich wieder ab; Kühlung vorhanden aber schwach.
mögliche Ursachen	Motor defekt (Wicklungsschluss, Lagerschaden) – Überlastschutz spricht an.
Abhilfe	Reparatur nur durch Fachbetrieb möglich.
Fehlerbild	Motor läuft normal, aber viel zu oft bzw. lang; Kühlung schlecht, fehlt.
mögliche Ursachen	Am Wärmetauscher des Geräts zirkuliert die Luft nicht (Spinnweben?); Gerät steht in der Sonne, Abtauen erforderlich.
Abhilfe	Luftwege für gute Zirkulation freiräumen und -halten. Gerät an kühlem,

	schattigem Ort betreiben und in regelmäßigen Abständen abtauen.
mögliche Ursachen	Türgummidichtung oder Wärmeisolation (beispielsweise durch Mäusefraß) beschädigt, Türscharnier lose oder verbogen, so dass Tür nicht mehr richtig schließt.
Abhilfe	Türgummi austauschen, Isolationsschaden durch Abdichten mit Bauschaum oder passende Styroporeinsätze beheben.
mögliche Ursachen	Kühlmittel entwichen als Folge von Alterung, nach mechanischer „Abtauhilfe" mit scharfkantigem Gegenstand oder nach starkem Vereisen aufgrund leicht geöffneter Tür oder defekter Abtauautomatik.
Abhilfe	Instandsetzung nur durch Fachbetrieb möglich, nur rentabel, wenn Leck lokalisierbar und beispielsweise durch Hartlötung zu beheben ist. Nachfüllen trotz Leck ist ein sinnloser Angriff auf die Umwelt.
Fehlerbild	Kühlt viel zu stark, lässt nicht drosseln.
mögliche Ursachen	Thermostat defekt, Kapillare zum Messfühler gebrochen oder geknickt.
Abhilfe	Oft ist Wartung möglich, sonst Austausch.
Fehlerbild	Abtauvorgang dauert zu lange oder ist unvollständig.
mögliche Ursachen	Eine der Abtauheizungen ist defekt.
Abhilfe	Durchmessen und ggf. Austausch, Reparatur nicht unbedingt erforderlich.
mögliche Ursachen	Abtauautomatik defekt, mechanische Kopplung zu Thermostat defekt.
Abhilfe	Mechanik in Stand setzen, oder gesamte Thermostateinheit austauschen.
Fehlerbild	Tauwasser im Kühlschrank.
mögliche Ursachen	Unbemerktes Abtauen, etwa durch Stromausfall oder verstopfter Kondensatablauf an der Rückwand.
Abhilfe	Kondensatablauf reinigen.

3.5 Heiz- und Warmwassergeräte

Heiz- und Warmwassergeräte sind starke Energieverbraucher und belasten im Allgemeinen das Stromnetz erheblich. Aus diesem Grund ist es wichtig, sich vor der ersten Inbetriebnahme zu vergewissern, dass der betroffene Stromkreis die Belastung aushält. Konzeptionell wird man für standortfeste Großverbraucher eigene Stromkreise ab Sicherungskasten einrichten (zur Dimensionierung vgl. [1] oder [2] im Literaturverzeichnis). Das erspart lebensgefährliche Kabelbrände in Uraltinstallationen und plötzlichen Stromausfall durch Überlastung beim Parallelbetrieb mehrerer Verbraucher.

Elektrisch heizen ist Luxus, gleich ob es „nur" Wasser oder gar eine ganze Wohnung ist. Wenn Sie vor der Entscheidung stehen, sich für eine Brauchwassererwärmung zu entscheiden, sollten Sie in jedem Fall auf Gas, kombiniert mit einer Solaranlage setzen. Beides wird in den einzelnen Bundesländern in verschiedener Form subventioniert.

Stark im Kommen sind auch „große Lösungen" wie Wärmepumpen oder Kleinst-Blockheizkraftwerke (Kraft-Wärmekopplung) für Ein- und Mehrfamilienhäuser.

Oft besteht die Möglichkeit, für die elektrische Brauchwasseraufheizung sowie für Speicherheizungen (Nachtspeicheröfen) einen günstigen Nachttarif zu beantragen. Ihr Elektrizitätsunternehmen installiert dann einen Doppelzähler sowie einen durch Netzimpulse gesteuerten Nachtstromschalter. Zusammengenommen kann das auf längere Sicht die Energiekosten deutlich reduzieren – vorausgesetzt, die Geräte werden nur bei Nacht betrieben.

Energiespartipps

Warmwasser ist generell eine kostbare Ressource. Gehen Sie sparsam damit um.

1 Gewöhnen Sie sich an, Einhandmischer nach Gebrauch immer auf „kalt" zurück zu stellen. Wenn Sie Wasser immer mit Mischtemperatur zapfen, verlieren Sie viel Energie in der Zuleitung.

2. Duschen Sie sparsam. Es besteht kein Grund, sich minutenlang heißes Wasser über den Körper laufen zu lassen, wenn Sie sich die Beine rasieren oder die Haare waschen.

3. Spülen Sie Geschirr nicht einzeln ab.

Der elektrische Aufbau von Heiz- und Warmwassergeräten ist denkbar einfach (vgl. Abbildung 3.29). Sie bestehen aus Betriebsanzeige, Einschalter (oft in Einheit mit dem Thermostaten) mit verschiedenen Leistungsstufen, Thermostat, Übertemperaturschalter und einem oder mehreren Heizelementen. Bei Heizlüftern kommt meist noch ein per

Spaltmotor angetriebenes Gebläse hinzu. Alle Elemente können einfach mit einem Widerstandsmessgerät auf Durchgang geprüft werden.

Anschluss: Allgemeine Hinweise

Alle Heiz- und Warmwassergeräte besitzen eine Klemmleiste für den elektrischen Anschluss. Meist ist die Belegung zusätzlich gekennzeichnet. Wenn nicht, ist die Belegung laut Abbildung 3.29 zu wählen (Ausschalter unterbricht Phase). Der Schutzleiteranschluss (gelbgrün) ist im Gerät direkt mit dem Gehäuse bzw. mit dem Wasseranschluss verbunden. Viele Geräte bieten die Auswahl zwischen mehreren Leistungen – so lässt sich ein Boiler mit vier Heizstäben (2 × 2000 Watt, 1500 Watt, 500 Watt) zwischen 500 und 6000 Watt betreiben (vgl. Abbildung 3.30) und wird zusätzlich die Möglichkeit des Drehstromanschlusses mit 2000 Watt je Phase bieten. Zum Einstellen der gewünschten Leistung müssen dann entsprechend dem meist im Gerät aufgedruckten oder beigelegten Anschlussdiagramm Brücken gesetzt oder entfernt werden.

Hinweis — *Es ist sinnlos, Heizdrähte (für Anschluss oder Reparatur) weichzulöten – erfolgversprechender ist Hartlöten mit Lot, das erst um 800°C schmilzt.* *Hinweis*

Mit dem an und für sich einfachen elektrischen Anschluss allein ist es aber nicht getan – er sollte auch zuletzt erfolgen. Mindestens ebenso wichtig ist die Wahl des Aufstellorts (kurze Wege zu den Verbrauchsstellen), die sichere Wandbefestigung und der korrekte Wasseranschluss. Der Hersteller schreibt oft bestimmte Wand- und Bodenabstände vor, die Sie der Produktbeschreibung entnehmen und in Ihrem eigenen Interesse zur Vermeidung von Brandgefahr einhalten sollten. Warmwasserleitungen sollten Sie außerdem gut isolieren.

Weiterhin müssen Sie darauf achten, dass Kabel in sicherem Abstand von der Wärmequelle verlaufen, um erstens einer Beschädigung der Isolierung und zweitens einer Überlastung (mit Oxidation verbunden) durch schlechte Wärmeabstrahlung vorzubeugen. Die Nennbelastbarkeit eines Kabelquerschnitts sinkt mit steigender Temperatur (vgl. [1] oder [2] im Literaturverzeichnis). Geizen Sie nicht mit dem Kabelquerschnitt. Eine Nummer größer als unbedingt erforderlich – also NYM-I 3×2,5 mm² bzw. NYM-I 5×2,5 mm² sollte es schon sein, um die Kabelverluste klein zu halten.

Reparaturanleitungen

3

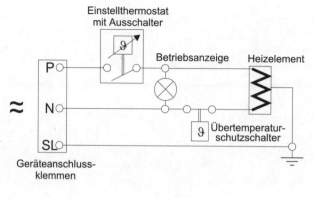

Abb. 3.29: Schaltplan eines einfachen Warmwasser- oder Heizgeräts

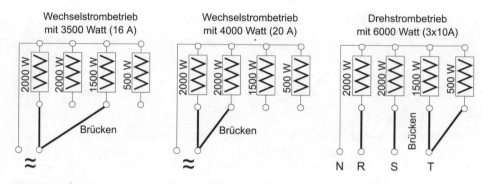

Abb. 3.30: Anschluss eines Warmwassergeräts für verschiedene Leistungen – *links und mitte:* Wechselstromanschluss; *rechts:* Drehstromanschluss

---

Hinweis

Sicherheitshinweis

Heiz- und Warmwassergeräte dürfen grundsätzlich nur an drei- bzw. fünfpoligen Stromkreisen (mit Schutzleiter) betrieben werden und müssen intern einen intakten Schutzleiteranschluss aufweisen.

Boiler, Durchlauferhitzer

Über Warmwassergeräte ist schon das meiste gesagt, wenn Sie die Einleitung aufmerksam gelesen haben. Ausfälle werden in den meisten Fällen auf Unterbrechungen in der Stromzuführung oder der Sicherung zurückzuführen sein. Falls die Sicherung öfter anspricht, müssen Sie sich überlegen, ob der versorgende Stromkreis nicht unterdimensioniert ist und dem Gerät gegebenenfalls einen eigenen oder stärker abgesicherten spendieren. Weitere Probleme kann der Thermostat bereiten, wenn seine Schaltkontakte verbrannt sind. Nach langjährigem Betrieb vor allem bei hohen Temperaturen (größer 60°C) kann eine übermäßige Verkalkung der Heizelemente die Ursache für ein Durchbrennen derselben darstellen. Bemerkbar macht sich dies in erster Linie durch Leistungsabfall, evtl. auch durch eine defekte Sicherung oder ein Ansprechen des FI-Schalters (vgl. [1] oder [2] im Literaturverzeichnis). Ein Austausch dürfte sich prinzipiell lohnen, wenn man die Preise vergleichbarer Geräte in Betracht zieht, erfordert aber einiges an Arbeit und mechanischem Geschick. So gut wie alle Hersteller bieten komplette Austauschsätze für ihre Produkte an.

Bei Planung, Anschaffung und Wasseranschluss eines neuen Boilers müssen Sie berücksichten, dass es drucklose und druckfeste Ausführungen gibt. Nur druckfeste Geräte dürfen dem vollen Wasserdruck mit nachgeschaltetem Warmwasserhahn ausgesetzt werden.

> **Merke**
>
> ***Das geht nicht!***
>
> *Die Armaturen für drucklose und druckfeste Boiler sind unterschiedlich und wechselseitig nicht austauschbar.*
>
> **Merke**

Drucklose Geräte erhalten ihren Kaltwasserzulauf (Einlauf unten) über einen vorgeschalteten Warmwasserhahn und geben dann entsprechend der zulaufenden Kaltwassermenge warmes Wasser über ein Überlaufrohr direkt an den Wasserauslauf ab. Abbildung 3.31 verdeutlicht das. Da heißes Wasser wegen seiner geringeren Dichte auf kaltem „schwimmt" (Thermosyphon), findet nur eine geringe Durchmischung statt.

Durchlauferhitzer sind druckfeste Boiler, deren Wasserbehälter sehr klein sind (ca. 1 Liter). Die Heizelemente sind dagegen so kräftig, dass sie das Wasser während des Durchfließens genügend erhitzen können. Der Energiebedarf dafür ist natürlich enorm: Durchlauferhitzer verbrauchen ca. 18 kW Leistung. Da es nicht sinnvoll ist, dem einphasigen Wechselstromnetz so viel Leistung zu entziehen – die Absicherung müsste immerhin 100 A betragen – werden Durchlauferhitzer grundsätzlich nur mit Drehstrom betrieben (typische Absicherung 3×35 A, mit Zuleitung NYM-I 5×6 mm^2).

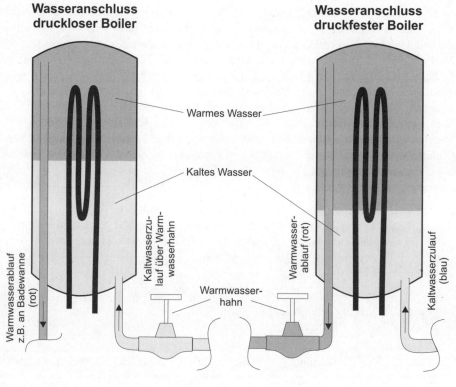

Abb. 3.31: Wasseranschluss druckloser und druckfester Warmwassergeräte

Der Durchlauferhitzer arbeitet vollautomatisch. Sobald der Warmwasserhahn geöffnet wird, reagiert ein hochbelastbarer, meist zweistufiger Druckschalter auf den veränderten Wasserdruck und schließt den Stromkreis über die Heizelemente.

Reparaturanleitungen

3

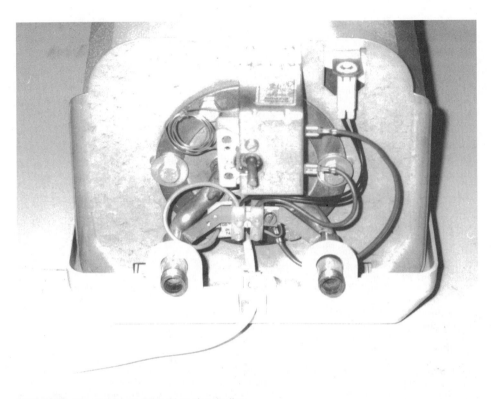

Abb. 3.32: Druckloser 5-Liter-Unterbauboiler

Fehlerbilder eines Boilers

Fehlerbild	Wasser elektrisiert.
mögliche Ursachen	Schutzleiteranschluss nicht intakt (meist zusätzlich Heizstab defekt).
Abhilfe	Funktionsfähigkeit des Schutzleiters unbedingt wieder herstellen, elektrischen Anschluss sowie Zuleitung überprüfen.
Fehlerbild	Keine Funktion, Betriebslämpchen leuchtet nicht.
mögliche Ursachen	Sicherung defekt, Kabelbrand im Stromkreis, (evtl. zusätzlich Heizstab defekt). Diagnose: Spannung am Gerät nachweisen, Heizstab durchmessen, auch gegen Schutzleiter.
Abhilfe	Unterbrechung suchen und beseitigen.
Ursachen	Thermostat (häufig) oder Übertemperaturschutzschalter (selten) defekt.

Abhilfe	Wenn möglich, Kontakte reinigen, sonst austauschen.
Fehlerbild	Siedendes Wasser entweicht aus Überdruckventil.
mögliche Ursachen	Thermostat defekt (öffnet nicht mehr); Messfühler nicht am richtigen Ort, Kapillare gebrochen oder geknickt.
Abhilfe	Thermostat austauschen.
Fehlerbild	Leistungsabfall.
mögliche Ursachen	Ein oder mehrere Heizelemente sind ausgefallen.
Abhilfe	Stromzuführung des defekten Heizelements abklemmen und damit leben oder Austausch.

Fehlerbilder eines Durchlauferhitzers

Fehlerbild	Keine Funktion, Druckschalter klickt nicht bei Aufdrehen des Wassers.
mögliche Ursachen	Druckschalter mechanisch defekt.
Abhilfe	Wartung oft möglich, falls nicht, Austausch.
Fehlerbild	Keine Funktion, Druckschalter klickt aber.
mögliche Ursachen	Heizelemente, Übertemperaturschutz, Stromausfall oder Sicherungen.
Abhilfe	Austausch der Heizelemente lohnt nicht.
Fehlerbild	Leistungsabfall.
mögliche Ursachen	Druckschalter schaltet nur einstufig, oder hat Kontaktbrand.
Abhilfe	Evtl. warten, meist Austausch notwendig.
mögliche Ursachen	eine oder zwei Sicherungen sind defekt, weil ein Heizelement einen Isolationsschaden hat.
Abhilfe	Sicherungen lassen sich ersetzen, ein Austausch des Heizelements lohnt nicht.
mögliche Ursachen	Heizelement ist ausgefallen.
Abhilfe	Austausch lohnt nicht, anderes Gerät installieren.

Reparaturanleitungen

3

Elektroherde

Elektroherde bestehen aus einem Kochfeld mit den verschiedenen Heizplatten und einem Backrohr (evtl. mit zusätzlicher Grill- und Mikrowelleneinheit).

Herdplatte oder Ceranfeld

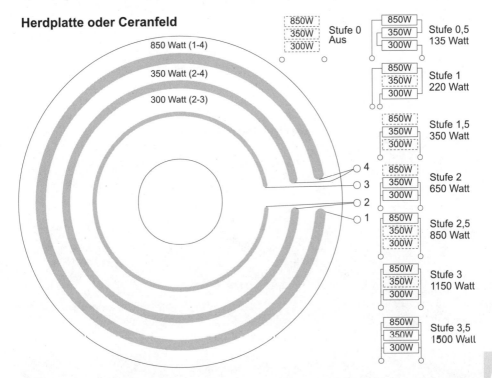

Abb. 3.33: Leistungseinstellung einer Normalkochplatte (1500 Watt) über 8-stufigen Schalter (die Zahlenpaare in Klammern bezeichnen die Anschlusspunkte zum Durchmessen der einzelnen Heizelemente)

Reparaturanleitungen

149

Reparaturanleitungen

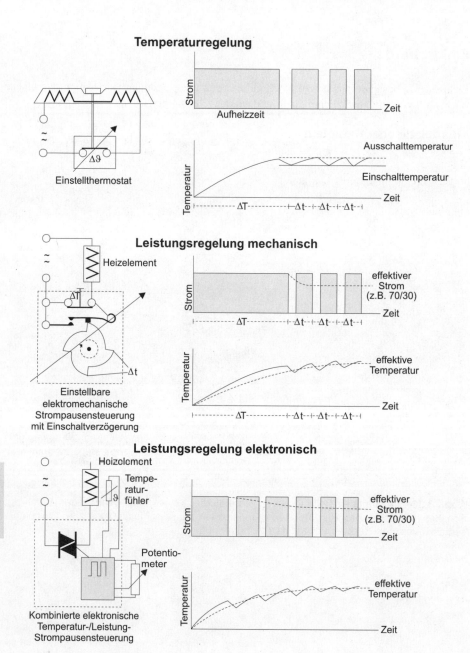

Abb. 3.34: Temperatur- und Leistungsregelung von Heizelementen mit Diagrammen

Die Kochplatteneinheit enthält standardmäßig zwei oder drei über einfache Stufenschalter regulierte Normalkochplatten sowie zusätzlich ein oder zwei thermostatgesteuerte Schnell- bzw. Automatikkochplatten, die in Größe (15 bis 25 cm) und Leistung (1000 bis 2000 Watt) variieren. Die Wärmeübertragung Kochplatte/Topf funktioniert nach dem Prinzip der Wärmeleitung. Schnellkochplatten besitzen für die Temperaturregelung in der Mitte der Kochplattenscheibe einen Temperaturfühler, der über die Temperatur des Topfbodens einen Thermostaten für die Leistungsregelung steuert.

Moderne Glaskeramik-Kochplatteneinheiten (auch als Cerankochfelder bezeichnet) arbeiten dagegen primär nach dem Prinzip der Aufheizung durch Wärmestrahlung. Neben der thermostatgesteuerten Temperaturregelung findet man bei dieser Gattung häufig eine (stufenlose) Leistungsregelung, die durch eine elektronische oder elektromechanische Strompausensteuerung[16] verwirklicht ist (vgl. Abbildung 3.34). Kurze Aufheizzeiten werden durch anfängliches „Überbrücken" der Strompausensteuerung erreicht.

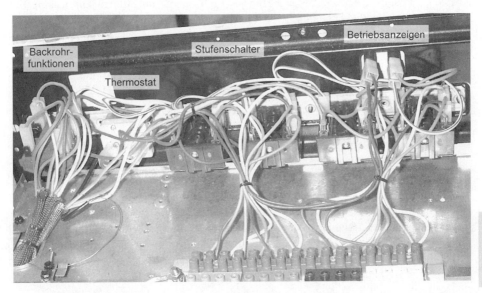

Abb. 3.35: Ein Blick auf die Schaltfunktionen des Elektroherds

Die Backrohreinheit enthält mehrere Heizelemente (Unterhitze, Oberhitze, Grill), einen Thermostaten sowie evtl. einen Umluftventilator. Integrierte Geräte verfügen zusätzlich

---

[16] Strompausensteuerungen schalten den Verbraucher in kurzen Abständen ein und aus. Bei fester Zeitbasis (z.B. 1 Minute) ist das prozentuale Verhältnis der Einschaltzeit zur Ausschaltzeit ein Mass für die abgegebene Leistung. Ein 2000 Watt Heizelement wird bei 50/50-Taktung effektiv 1000 Watt abgeben und bei 80/20-Taktung 1600 Watt.

noch über eine Mikrowelleneinheit mit Magnetron, Antennenmotor, Hochspannungsansteuerung und Zeituhr.

Hinweis

> ***Sicherheitshinweis***
>
> *Mikrowelleneinheiten dürfen nicht bei offenem Gehäuse bzw. entfernten Strahlungsschutzvorrichtungen betrieben werden. Es besteht die Gefahr innerer Gewebeschäden. Eine Reparatur, die über den Austausch von Thermosicherungen und Wackelkontakten hinausgeht, sollte Fachbetrieben vorbehalten bleiben.*

Hinweis

Ausbau

Elektroherde sind heutzutage überwiegend als Einbauherde anzutreffen, die in eine Küchenzeile integriert sind – Unterschiede zum Standalone-Gerät gibt es kaum. Um an die Anschlüsse der elektrischen Komponenten eines Herds zu gelangen, ist der Ausbau unabdingbar:

1. Nehmen Sie alle für den Herd zuständigen Sicherungen heraus und probieren Sie den Herd im Zweifel noch einmal aus, ob Sie nicht doch eine vergessen haben.

2. Öffnen Sie die Tür des Backofens und lösen Sie die Verschraubung des Herds mit dem Einbauschrank.

3. Ziehen Sie den Herd vorsichtig heraus und stellen Sie etwas unter, dass er nicht herauskippt. Neben einer Blechabdeckung für die verschiedenen Schaltfunktionen des Geräts müssten Sie auch die Klemmleiste für das Kochfeld sehen.

4. Um an die Schaltfunktionen zu gelangen, schrauben Sie die Blechabdeckung im vorderen Teil der Maschine ab. Darunter finden Sie die Stufenschalter bzw. Drehregler für die einzelnen Heizplatten, den Drehschalter für die Backrohrfunktionen (oft auch als Tastenaggregat ausgebildet) und den Einstellthermostaten für die Backtemperatur. Abbildung 3.35 zeigt einen Blick auf die typischen Schaltfunktionen eines einfachen Herds – die Kontakte der Schalter sind gut zugänglich.

5. Für den weiteren Ausbau stecken Sie das Kochfeld plattenweise ab und lösen auch den Schutzleiter (er muss später unbedingt wieder befestigt werden), die entsprechenden Stecker sind (mit Blick auf einen eventuellen Austausch des Kochfelds) weitgehend genormt (Abbildung 3.36) und meist auch gut bezeichnet. Für den Austausch sollten die addierten Heizleistungen der Platten natürlich einigermaßen stimmen.

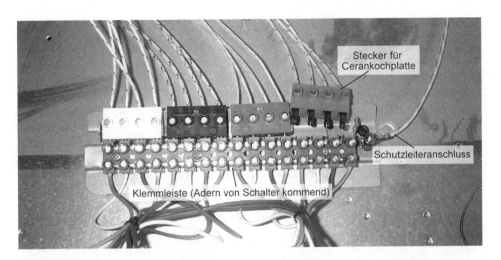

Abb. 3.36: Klemmleiste mit den Steckern der einzelnen Heizplatten

6. Um an die Anschlüsse für Grill, Backrohr, Umluftmotor, sowie die eigentlichen Anschlussklemmen des Geräts zu kommen, legen Sie den Herd auf das „Gesicht" (gegebenenfalls etwas unterlegen) und lösen die Rückwand. Abbildung 3.37 zeigt, was Sie dann zu sehen bekommen.

7. Das Anschlussbild in Abbildung 3.37 zeigt, welche Möglichkeiten es für den Anschluss des Geräts gibt: Drehstrom mit drei oder zwei Phasen, 230 V-Wechselstrom mit einer oder zwei Sicherungen.

Fehlerdiagnose

Die Funktionen eines Herds liegen klar auf der Hand. Daher kann mit ziemlicher Sicherheit von der fehlerhaften Funktion auf die defekte Einheit geschlossen werden. Vor Beginn der Fehlersuche stellen Sie sicher, dass der elektrische Anschluss korrekt ist und am Gerät prinzipiell Strom ankommt. Wenn das gewährleistet ist, muss das Gerät stromlos gemacht werden (Sicherungen entfernen – Achtung, bei Drehstromanschluss sind es drei Sicherungen). Danach können Sie die in Frage kommenden Bauteile – Schalter, Thermostaten und Heizelemente – per Widerstandsmessung in aller Ruhe prüfen (vgl. Abbildungen 3.33 bis 3.37).

Moderne Herde bieten inzwischen Möglichkeiten für zeitprogrammiertes Kochen. Die Fehlersuche in der meist elektronischen Steuerung kann sich recht kompliziert gestalten und sollte am besten anhand eines Schaltplans geschehen. Ein Fehler in der Steuerung kommt in Frage, wenn eine Überprüfung der anderen Bauteile kein Verdachtsmoment zu Tage gefördert hat. Die Realisierungen der Steuerungen sind weitgehend herstellerspezifisch, sodass keine allgemeinen Angaben darüber möglich sind. Die Fehlerbilder reichen

Reparaturanleitungen

von defekten Relaiskontakten (häufig), durchgebrannten oder festen Synchronmotoren bis hin zu Ausfällen elektronischer Bauteile aufgrund von Überhitzung (ziehen Sie evtl. Teil D zu Rate).

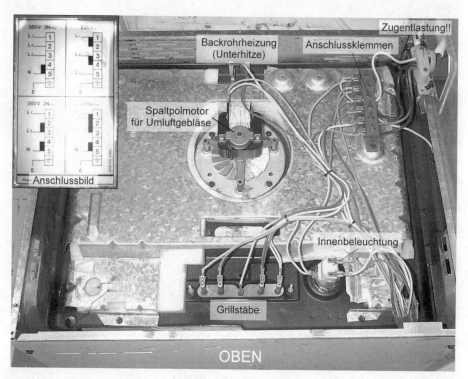

Abb. 3.37: *links* Anschlussbild eines Elektroherds; *rechts* Hinteransicht eines Backofens (Gerät nach vorne gekippt); Zugentlastung ist nicht richtig montiert!

Fehlerbilder eines Elektroherds

Fehlerbild	Gerät elektrisiert bei Berührung.
mögliche Ursachen	Kriechstrom durch Feuchtigkeit und Schutzerdung nicht vorhanden.
Abhilfe	Gerät trocknen und Funktionsfähigkeit des Schutzleiters unbedingt wieder herstellen; elektrischen Anschluss sowie Zuleitung überprüfen (vgl. die entsprechenden Abschnitte in [1] oder [2] im Literaturverzeichnis).
Fehlerbild	Keine Funktion, keine Betriebsanzeige.
mögliche	Sicherung(en), Zuleitung oder Anschluss nicht in Ordnung. Evtl. liegt

Ursachen	Gehäuseschluss durch ein defektes Heizelement vor.
Abhilfe	Sicherungen austauschen; zuvor Zuleitung und Schutzleiterfunktion überprüfen sowie Gerät auf Gehäuseschluss durchmessen.
Fehlerbild	Keine Funktion; Betriebsanzeige leuchtet.
mögliche Ursachen	Elektronische Steuerung oder Zeituhr defekt.
Abhilfe	Gerät evtl. an Fachbetrieb übergeben.
Fehlerbild	Eine oder mehrere Heizplatten ohne Funktion, Gerät hat Drehstromanschluss.
mögliche Ursachen	Sicherung für eine Phase defekt (selten: eine Phase vom Umspannwerk her ausgefallen); evtl. liegt Gehäuseschluss durch defektes Heizelement vor.
Abhilfe	Austauschen bzw. Zuleitung und Schutzleiterfunktion überprüfen, Gerät auf Gehäuseschluss durchmessen.
Fehlerbild	Herdplatte heizt in einigen Stufen nicht oder mit verminderter Leistung.
mögliche Ursachen	*Bei Normalkochplatte:* Ein Heizelement der Herdplatte ist unterbrochen oder Stufenschalter ist defekt. *Schnellkochplatte:* Thermostat oder Strompausensteuerung defekt.
Abhilfe	Bei defektem Heizelement Herdplatte austauschen, Thermostat und Strompausensteuerung lassen sich vielleicht warten. Reparatur lohnt aber oft nicht.
Fehlerbild	Innenbeleuchtung ausgefallen.
mögliche Ursachen	Glühbirne defekt.
Abhilfe	Austausch. Glasabdeckung lässt sich herausschrauben, ebenso Glühlampe. Achtung: keine Standardglühlampen einsetzen (Hitzefestigkeit bis 300°C ist erforderlich).
Fehlerbild	Backrohr heizt nicht richtig (z.B. nur mit Unter- oder Oberhitze).
mögliche Ursachen	Heizelemente, Thermostat, Schalter.
Abhilfe	Durchmessen und Austausch, Schalter ggf. warten.
mögliche Ursachen	Evtl. vorhandene Thermosicherung defekt.
Abhilfe	Gegen Original austauschen. Bei Überbrückung Brandgefahr.

Reparaturanleitungen

3

Fehlerbild	Keine Umluftfunktion.
mögliche Ursachen	Motor des Umluftgebläses defekt oder Lager fest.
Abhilfe	Wartung bzw. Austausch.
Fehlerbild	Keine Zeitvorwahl möglich.
mögliche Ursachen	Programmierbares Zeitschaltwerk ist defekt oder hat Kontaktfehler.
Abhilfe	Wartung, ggf. Austausch gegen Originalersatzteil.
Fehlerbild	Keine Mikrowellenfunktion.
mögliche Ursachen	Zeitsteuerung, Hochspannungstransformator oder Thermosicherung.
Abhilfe	Zeitsteuerungen lassen sich warten. Thermosicherung nur gegen Original austauschen, Reparatur anderer Fehler dem Fachbetrieb überlassen.

Reparaturanleitungen

3

Anhang

Literaturverzeichnis

[1]   Huttary, R.: *Haushaltselektrik und Elektronik*; 3., völlig überarb. u. stark erw. Aufl, Gesamtband, Franzis-Verlag, München, 2001.

[2]   Huttary, R.: *230 V - Haushaltselektrik erfolgreich selbst installieren und reparieren*; 1. Teilband zu [1], Franzis-Verlag, München, 2001.

[3]   Huttary, R.: *Haushaltselektronik erfolgreich selbst diagnostizieren und reparieren*; 4. Teilband zu [1], Franzis-Verlag, München, 2001.

Stichwortverzeichnis